Arena-Taschenbuch
Band 1946

Jo Pestum,
1936 geboren, studierte Malerei und ist seit 1970 als Schriftsteller und Film-, Funk- und Fernsehautor tätig. Er schreibt Kinder- und Jugendbücher, Romane, Kriminalgeschichten, Satiren, Lyrik, Drehbücher und Hörspiele.

Weitere Bücher, erschienen in der Edition Bücherbär und im Arena Verlag:
»Nikos tollstes Tor und andere Fußballgeschichten«
»Tobi und die blauen Stürmer«
»Tobi und die rosa Teufel«
»Tobi und der gelbe Blitz« (Band 1949)
»Detektiv Luc Lucas – Rätselhafte Fälle«
»Detektiv Luc Lucas – Neue rätselhafte Fälle«
»Fang niemals einen Stern« (Band 2555)
»Luc Lucas«-Taschenbücher
»Das Geheimnis der Nikolausnacht«
»Lillilu liebt starke Tiere«
»Maja und der Hausaufgaben-Trick«
»Detektivbüro Anja Adlerauge«
»Büffelsohn und Kleiner Stern«

Jo Pestum

Tobi, die Torwartkatze

Fußball im Doppelpack

Sammelband:
Tobi und die rosa Teufel
Tobi und die blauen Stürmer

Mit Bildern von
Birgit Rieger

Arena

In neuer Rechtschreibung

1. Auflage als Arena-Taschenbuch 1998

Umschlaggestaltung und Innenillustrationen:
Birgit Rieger
Gesamtherstellung: Westermann Druck Zwickau GmbH
ISSN 0518-4002
ISBN 3-401-01946-5

Tobi
und die rosa Teufel

Fünf traurige Gurken

Nicht jeder kennt das Dorf Billerbach. Aber weil unsere Geschichte in Billerbach handelt, muss das Dorf ein bisschen beschrieben werden. Seinen Namen hat es von dem breiten Billerbach, der fließt in südlicher Richtung mitten durch das Dorf und teilt es in beinahe gleich große Hälften. Die linke heißt Unterbillerbach und die rechte Oberbillerbach.

Doch eigentlich ist es gar nicht der Bach, der das Dorf teilt, denn es gibt ja sieben Brücken. In Wirklichkeit zerteilt die schreckliche Bundesstraße das Dorf. Direkt neben dem Billerbach verläuft sie. Da knurren schwere Stinkelaster, da zischen und heulen die Personenwagen und die Motorräder, da brummen Busse und Sattelschlepper. Kaum ein Fahrer hält sich an die Geschwindigkeitsbegrenzung. Hastige Leute sind sie alle. Die einen kommen von der großen Stadt, die anderen wollen zur großen Stadt. Oft muss man lange am Straßenrand warten, wenn man die Bundesstraße überqueren will. Und so bleiben die Unterbillerbacher

auf ihrer Dorfseite und die Oberbillerbacher auf ihrer.
Die Schule und die Kirche und das Rathaus: die gibt es nur einmal in Billerbach. Alles andere gibt es doppelt, nämlich einmal in Unterbillerbach und einmal in Oberbillerbach: Wirtshäuser, Einkaufsläden, Sparkassen, Frittenbuden und Fußballplätze für die Kinder. Wenn man sich den Lärm und den Gestank von der Bundesstraße wegdenkt, dann könnte man sagen: Billerbach ist ein ganz schönes Dorf.
Tobi kam an einem Freitag im Mai in Billerbach an. Natürlich nicht allein! Mit ihm im dunkelblauen Volvo kamen Vater Bodo Bosse und Mutter Thea Bosse, Schwester Cordula Bosse und Boxer Ben Bosse. Und hinter ihnen her tuckerte der dicke Möbelwagen. Die Bosses waren nämlich weggezogen aus der großen Stadt, weil sie ein Häuschen mieten konnten am Rand von Oberbillerbach. Hier war der Lärm von der schrecklichen Bundesstraße kaum noch zu hören. Hinter dem Haus dehnten sich Obstgärten und Wiesen mit dem kleinen Fußballplatz mittendrin und dann begann schon der Wald.
»Gar nicht mal so schlecht hier«, stellte Tobi erneut fest, als er sich zusammen mit Boxer

Ben durch die Autotür drängelte. Bei der ersten Besichtigung vor ein paar Wochen hatte er das auch schon gesagt.
Der Hund hatte es sehr eilig den nächsten Baum zu erreichen, denn er musste dringend pinkeln. Mutter Thea reckte und streckte Arme und Beine und sog die Landluft ein. Der Vater begann in sämtlichen Taschen nach dem Haustürschlüssel zu suchen.
Die Mutter pflückte ein Gänseblümchen aus der Wiese des Vorgartens, steckte es sich ins Haar und lachte. »Gar nicht mal so schlecht hier!«
Der Haustürschlüssel, endlich! Vater Bodo fischte ihn erleichtert aus dem Jackenfutter. Er hatte mal wieder ein Loch in der Tasche. Dann stellte er sich breitbeinig vor die Treppenstufen hin und betrachtete zufrieden das schmucke Fachwerkhaus. »Gar nicht mal so schlecht hier«, murmelte er und nickte dazu.
Cordula, Tobis große Schwester mit der Igelfrisur, rümpfte trotz der blühenden Kirschbäume und der herrlich warmen Nachmittagssonne die Nase und nörgelte: »Hier stinkt's!« In Wirklichkeit stank es aber kein bisschen, sondern es duftete und eigentlich wollte sie auch nur sagen: Ich finde es doof, dass wir weggezogen

sind aus der großen Stadt, wo ich meine Arbeit habe und wo meine Freunde und Freundinnen wohnen. Cordula konnte ja nicht ahnen, dass in Billerbach eine ganz wichtige Aufgabe auf sie wartete.
Jetzt hielt auch der riesige grüne Möbelwagen vor dem Häuschen an. Der Fahrer und die beiden Möbelmänner sprangen von den Sitzen

und bestaunten das schöne Haus und den Garten und die Obstbäume.
»Gar nicht mal so schlecht hier!«, rief der Fahrer.
»Gar nicht mal so schlecht hier!«, echoten die Möbelmänner.
Dann ging die Arbeit los. Die Möbelmänner und der Fahrer trugen Schränke und Tische ins Haus, schleppten Bücherkisten und Gummibäume, wuchteten Kühlschrank und Waschmaschine, reichten sich Lampen, Blumenvasen, Geschirrkartons, Stühle und Teppiche zu und kamen gewaltig ins Schwitzen.
Natürlich halfen alle Bosses kräftig mit, denn vor dem Abend sollten wenigstens die wichtigsten Möbel aufgestellt sein: die Betten, die Kleiderschränke und Eßtisch und Stühle. Sogar Ben half mit. Jedenfalls sauste er jaulend und hechelnd vom Möbelwagen zum Haus und wieder zurück, hetzte die Treppen hinauf und hinunter, wetzte in jedes Zimmer und trug eifrig Schuhe und Hüte und Bürsten in der Schnauze hin und her.
Halfen wirklich alle Bosses mit?
Also, von Tobi konnte man das nicht unbedingt behaupten. Zwar schaute er sich ausgiebig sein neues Zimmer an. Das lag im

Obergeschoss, hatte schräge Holzwände und ein Fenster mit vielen winzigen Scheiben, das zeigte nach Süden und ließ viel Sonne herein. Tobi warf den Seesack mit seinen Lieblingsbüchern, den Sportsachen und dem ganzen Geheimkrimskrams auf den Fußboden und riss das Fenster auf, um frische Luft hereinwehen zu lassen.
Aber da! Was war das?
War da nicht das Rumsen und Wumsen von einem Fußball zu hören? Kreischten da nicht aufgeregte Kinderstimmen? Erscholl da nicht sogar ein Torschrei?
Das träume ich doch nicht, dachte Tobi, das höre ich doch wirklich! Er spähte zu den Wiesen am Waldrand hinauf, doch den Fußballplatz konnte er von seinem Fenster aus nicht sehen. Er spitzte die Ohren. Nein, es gab überhaupt keinen Zweifel, da spielten welche Fußball.
Tobi zappelte vor Aufregung. Er flüsterte: »Vielleicht lassen die mich mitspielen. Ich wette meine Nase gegen zehn Elefantenrüssel, dass die noch einen erstklassigen Torwart brauchen!«
Schon stürmte er die Treppe hinunter. In der Diele überkugelte er sich, weil ihm Boxer Ben

zwischen die Beine lief. »Du blöder Hund!«, schimpfte Tobi.
Aus dem Wohnzimmer rief der Vater: »He, Tobias, dass du mir bloß nicht wegläufst! Hier wird mitgeholfen!« Wenn er zu Tobi Tobias sagte, meinte er es ernst.
»Das ist im Moment leider unmöglich, Boss Bosse!«, rief Tobi zurück. Wenn er den Vater Boss Bosse nannte, meinte er es übrigens auch ernst.
Tobi und Ben wickelten ihre verknoteten Beine auseinander, sprangen auf, huschten durch die Haustür nach draußen und wären um ein Haar gegen die Möbelmänner geprallt; die schleppten stöhnend das Klavier. Tobi rannte den Wiesenweg hinauf, Ben umsprang ihn kläffend.
Aber da schrillten drei Pfiffe vom Fußballplatz her. Jubelgeschrei folgte. So ein Käse!, dachte Tobi traurig.
Das Spiel ist aus, das war der Schlusspfiff. Tobi hockte sich am Wegrand ins Gras. Boxer Ben machte es ihm nach.
Plötzlich kam eine wilde Kinderhorde vom Wald heruntergetobt. Vorneweg ein Junge mit einer grünen Strähne im Haar, der dribbelte einen Fußball vor sich her und schrie am lautesten von allen.

Die Mädchen und Jungen waren verschwitzt. Sie klatschten im Takt und johlten und lachten. »Wir hab'n gewonnen, wir hab'n gewonnen, wir haben vier zu null ge-wo-hon-nen!« Sie beachteten Tobi und den Boxerhund überhaupt nicht, so sehr feierten sie ihren Sieg.
Eine Minute später näherte sich eine Schar von Leuten. Einige Frauen, drei Männer und vor allem Schulkinder gehörten dazu. Ein Junge hatte einen Kinderwagen mit heulenden Zwillingen dabei. Er bremste mit den Absätzen, denn der Weg fiel steil ab. Einer der Männer war dünn wie ein gerupfter Hahn, schaute wie ein Lehrer durch seine Brillengläser und hatte an einer Schnur eine schwarze Trillerpfeife um den Hals hängen. Tobi wusste: Das war der Schiedsrichter. Die Leute redeten durcheinander und kicherten. Ein paar blickten neugierig zu Tobi und Ben herüber. Klar, man redete über das Fußballspiel. Dies hörte Tobi aus ihrem Gebrabbel heraus: Da hatten also die Kinder von Oberbillerbach gegen die Kinder von Unterbillerbach gespielt. Aber zu welcher Dorfhälfte gehörten die Gewinner, zu welcher die Verlierer?
Auf die Verlierer musste Tobi noch eine ganze Weile warten.

Dann kamen sie langsam und schweigend und mit gesenkten Köpfen getrottet. Sie gingen im Gänsemarsch und waren zu fünft.
»Ihr seht aus wie fünf traurige Gurken!«, rief Tobi ihnen zu.
Weil sich das nicht spöttisch anhörte, sondern eher mitleidig, hielten die fünf Verlierer bei Tobi und dem Boxerhund an. Sie waren erschöpft vom anstrengenden Spiel und enttäuscht von der Niederlage.
»Blitzmerker!«, sagte das Mädchen mit dem Sommersprossengesicht und dem Struwwelhaar. »Wenn man so eine Packung einstecken

muss gegen die Knilche aus Unterbillerbach! Und dann noch auf dem eigenen Platz. Heimniederlagen tun doppelt weh. Aber das gibt eine knallharte Revanche, das schwöre ich!«

»Wo sind denn eure anderen Spieler?«, fragte Tobi.

»Welche anderen?« Der pummelige Junge mit dem Donald-Duck-Kopf auf dem pinkfarbenen T-Shirt spuckte seinen Kaugummi vor Tobis Füße. »Andere gibt es nicht. Torwart und vier Feldspieler. Wir machen's wie beim Hallenfußball. Unser Spielfeld ist nämlich ziemlich klein.«

Tobi verstand das nicht. »Aber die anderen, die

von Unterbillerbach, die hatten doch viel mehr Spieler! Ich hab's doch genau gesehen.«
»Du hast es erfasst!«, schrie der kleinste von allen. Seine Backen leuchteten feuerrot vor Empörung. »Die größte Ungerechtigkeit der Welt! Die Unterbillerbacher hatten jede Menge Auswechselspieler. Wenn von denen einer außer Puste war, dann ging er einfach vom Platz und dann schickte der Trainer einen frischen Spieler rein. Aber wir, wir haben doch bloß fünf Spieler und einen Trainer haben wir schon gar nicht!«
»Warum hast du denn so einen dicken Pullover und Handschuhe an?«, fragte Tobi den Jungen. »Es ist doch bullig warm. Jetzt sag bloß, du bist der Torwart!«
»Torwart?« Der Spieler mit dem blauen Stirnband und der Schlabberhose prustete los. »Der Stöpsel und Torwart? Da kann ich doch nur lachen! Der hat zwar im Tor gestanden, aber gehalten hat die Flasche so gut wie nix. Meine Oma mit Krückstock wär dreimal besser. Wegen Stöpsel haben wir ja auch verloren.«
Stöpsel schrie empört: »Ich wollte ja überhaupt nicht ins Tor! Ich wär viel lieber Stürmer gewesen. Aber ihr habt ja alle gesagt: Du musst Torwart spielen. Und jetzt gebt ihr mir die

Schuld! Das ist gemein.« Stöpsel hatte auf einmal dicke Tränen in den Augen.
»Wir haben eben keinen guten Torwart«, sagte das Mädchen mit dem Struwwelhaar.»Leider.«
Doch nun hatte Tobi seinen großen Auftritt. Er erhob sich feierlich aus dem Gras und verkün-

dete: »Leute, jetzt habt ihr einen guten Torwart. Den allerbesten. Ich wohne seit heute in Oberbillerbach und das ist ein Glück für euch. Wisst ihr, wie man mich nennt? Tobi, die Torwartkatze! Was sagt ihr nun?«

Der Pummelige steckte sich einen neuen Kaugummi in den Mund und guckte Tobi zweifelnd an. »Vielleicht bist du auch bloß ein Angeber.«
»Das nimmst du zurück, Dicker!«, fauchte Tobi.
»Dicker? Das sagst du nicht noch einmal zu mir! Ich heiße Jonas und das ist ein verdammt schöner Name. Merk dir das! Und ich weiß auch, dass es in allen Banden und allen doofen Kinderbüchern immer einen komischen Dicken gibt. Das finde ich kotzlangweilig. Und damit du's weißt: Ich bin kein komischer und kein gutmütiger Dicker, sondern ein ganz gefährlicher. Judo kann ich auch.«
»Ph!«, machte Tobi und grinste verächtlich, doch ihm war nicht ganz wohl dabei. Wie der Jonas nämlich da mit funkelnden Augen und geballten Fäusten stand, also, das wirkte wirklich gefährlich. »Siehst du nicht, dass ich meinen starken Hund bei mir habe?«
»Den lasse ich am ausgestreckten Arm verhungern«, erklärte Jonas und spannte die Muskeln.
Das war entschieden zu viel. »Los, Ben, beiß ihm ein Loch in die Hose!«, rief Tobi dem Boxer zu.
Ben stürmte auch sofort los, aber nicht um zu beißen, sondern um sich beschmusen zu lassen. Er war wahrscheinlich der verschmusteste

Hund der Welt. Und die fünf Fußballspieler fingen auch sofort mit der Schmuserei an, weil ihnen der zärtliche Boxer Ben gefiel und weil es ihre verletzten Seelen tröstete. Sie konnten sogar schon wieder lachen.
Besonders der fünfte Spieler, der mit der engen Radfahrerhose in allen Regenbogenfarben, schien es dem Hund angetan zu haben. Ben leckte ihm mit seiner feuchten Zunge allen Dreck und allen Schweiß aus dem Gesicht. Das machte dem Spieler Spaß, denn es kitzelte so schön. Und als der Spieler kicherte und gluckste, da merkte Tobi auf einmal, dass der Spieler ein Mädchen war.
Das andere Mädchen, das mit den Sommersprossen und dem Struwwelhaar, sagte zu Tobi: »Wenn du wirklich ein guter Torwart bist, dann kannst du bei unserer Mannschaft mitmachen. Wenn wir eins unbedingt brauchen, dann ist es ein guter Torwart.«
»Abgemacht«, antwortete Tobi.
»Ich heiße übrigens Elisabeth«, sagte das Mädchen.
Jonas, Stöpsel, Elisabeth: drei Namen kannte Tobi nun schon und er erfuhr, dass das Mädchen mit der Radfahrerhose Rita hieß und der Junge mit dem blauen Stirnband Pitter.

»Sollen wir morgen zusammen spielen?«, fragte Tobi voller Eifer.
Pitter schüttelte entschieden den Kopf. »Erst mal müssen wir uns erholen. Kann ja auch sein, dass wir schwere Verletzungen haben. Meniskus oder so. Oder Knochenbrüche und Zerrungen. Nach so schweren Spielen müssen sich die Fußballspieler auskurieren. So heißt das nämlich.«
»Weiß ich doch«, sagte Tobi.
Elisabeth fragte: »Gehst du auch in die vierte Klasse?«
Tobi nickte.
»Dann sehen wir uns ja am Montag. Wir besprechen dann, wann wir wieder trainieren und unseren neuen Torwart testen.«
»So machen wir's!«, rief Stöpsel. »Und jetzt ab nach Hause! Ich hab so einen Hunger, ich werde mindestens zehn Bratwürste futtern!«
»Und ich mindestens zwanzig!«, erklärte Jonas.
Im Gänsemarsch zogen die fünf Fußballspieler weiter. Tobi schaute ihnen nach. Sie sahen längst nicht mehr wie traurige Gurken aus.
Tobi dachte: Hunger habe ich jetzt auch. Und außerdem dachte er: Gar nicht mal so schlecht hier!

Uwe mit den grünen Haaren

Boxer Ben weckte Tobi aus seinen anstrengenden Träumen. Gegen böse Fledermausmänner hatte Tobi gekämpft und war vor stampfenden Büffelherden davongelaufen. Ein riesiger Indianer hatte auch in seinem Schlaf herumgespukt. Ben war auf Tobis Bett gesprungen und leckte mit seiner nassen Zunge in Tobis Gesicht herum. Da musste Tobi fürchterlich lachen und war ruck, zuck aus den Federn.

Der erste Schultag in Billerbach!

Die anderen warteten schon am Frühstückstisch.

Vater Bodo aß hastig Spiegeleier mit Schinken und schaute alle fünf Sekunden auf die Küchenuhr.

Mutter Thea nippte an ihrem Marmeladenbrot herum und Cordula löffelte langsam und ernährungsbewusst eine Schüssel mit Körnerbrei leer.

»Jetzt wird's aber höchste Eisenbahn!« Der Vater schlüpfte in seine Lederjacke. »Hopp, hopp, Cordula!«

»Was heißt hier hopp, hopp?«, sagte Cordula und stand gemächlich vom Tisch auf. »Bin ich etwa ein Pferd?«
Der Vater und Cordula fuhren mit dem Auto gemeinsam in die große Stadt. Bodo Bosse war Inspektor beim Wasserwerk, Cordula arbeitete als Verkäuferin im Sportartikelgeschäft Ellermeier & Popp.
Als sie mit Tobi allein war, sagte die Mutter: »Am ersten Tag in der neuen Schule gehe ich natürlich mit dir. Das ist Ehrensache, mein Sohn.«
Tobi verschluckte sich fast an seinem Leberwurstbrot. Mit vollem Mund antwortete er: »Am ersten Tag in der neuen Schule gehe ich natürlich allein. Das ist Ehrensache, meine Mutter. Du hältst mich wohl für ein Baby, oder?«
Also ging Tobi allein ins Dorf hinunter. Ben bellte ihm herzerweichend nach, die Mutter winkte, doch Tobi drehte sich nicht um. Angemeldet war er längst in der vierten Klasse und fünf Mitschüler kannte er auch schon. Na!
In Billerbach gab es nur noch die Grundschule. Danach mussten die Mädchen und Jungen zur Gesamtschule ins Nachbardorf Havixbach oder zu den Schulen in der großen Stadt fahren.

Tobi sah auf dem Kirchplatz die Schulbusse stehen.
Beim Fahrradständer vor der Grundschule warteten schon Stöpsel und Elisabeth. Und kaum hatten sie Tobi begrüßt, da radelte Rita heran und dann kamen Pitter und Jonas geschlendert und spuckten Erdnussschalen durch die Gegend.
»Hallo, du großartige Torwartkatze!«, rief Jonas.
»Hallo, du gefährlicher Judokämpfer!«, gab Tobi zurück.
Sie lachten alle und das bedeutete wohl: Wir sind Freunde. Die anderen Kinder aus der vierten Klasse beäugten den Neuen neugierig. Was mag das für einer sein? Ist der prima oder ist der ein blöder Typ? Ein paar jüngere Schülerinnen und Schüler spielten kreischend Fangen. Dann machte der Schulgong ping-pang-pong.
Frau Lienenbeck, die Klassenlehrerin, stellte den Neuen vor. »Das ist der Tobi Bosse und der gehört jetzt zu uns.« Sie fand es schlimm genug, dass die schreckliche Bundesstraße das Dorf Billerbach teilte, darum gefiel es ihr gar nicht, dass die Kinder von Unterbillerbach gegen die Kinder von Oberbillerbach Fußballspiele aus-

trugen. Das war nicht gut für die Klassengemeinschaft. Auch heute warfen die Gewinner den Verlierern höhnische Blicke zu. Doch diese Fußballwettkämpfe waren ein alter Brauch. Frau Lienenbeck konnte nichts dagegen tun. Immerhin hatte sie verhindert, dass die Oberbillerbacher und die Unterbillerbacher in ihrer Klasse jeweils Extragrüppchen bildeten. Die Tische standen im Kreis. Und sie sorgte dafür, dass die Kinder aus den beiden Dorfhälften schön gemischt ihre Plätze hatten. Sie sagte zu Tobi: »Willst du dich neben den Uwe setzen? Da ist ein Platz frei.«

Ha, den kenne ich doch!, dachte Tobi. Das ist doch der von den Unterbillerbachern, der den Ball gedribbelt hat! Klar, das war der Junge mit der grünen Strähne im Haar.

»Mache ich glatt«, sagte Tobi lässig und setzte sich neben Uwe.

An diesem Morgen wurde die Klassenfahrt in den Teutoburger Wald besprochen. Da ging es laut und lustig her. Alle redeten durcheinander und so fiel es nicht weiter auf, dass Tobi und sein Nebenmann Uwe ihr Privatgespräch führten.

»Jetzt haben wir schon den dritten Fußball gegen die Nieten von Oberbillerbach gewonnen«, erklärte Uwe stolz. »Dieses Mal ist es ein besonders guter, den hat die Metzgerei Kemper gestiftet.«

»Kapiere ich nicht«, entgegnete Tobi.

»Immer einer von den Billerbacher Geschäftsleuten stiftet den Fußball für unsere Wettkämpfe. Der Sieger darf ihn behalten. Was ist denn daran so schwer zu kapieren?«

Jetzt hatte Tobi die Sache verstanden. Er sagte: »Neuerdings haben die Oberbillerbacher aber einen ganz tollen Torwart. Weißt du das noch nicht?«

Uwe bekam große Stauneaugen. »Wen denn?«

»Mich«, sagte Tobi und schaute wie gelangweilt zur Decke des Klassenzimmers hinauf.

Er wusste, so konnte man andere Leute sehr beeindrucken.

Uwe sog die Luft durch die Nase ein. Er musste sich von dieser Überraschung anscheinend erst einmal erholen. »Das finde ich aber scharf«, sagte er dann und kicherte. »Pech für dich, Tobi! Du wohnst leider auf der falschen Seite von Billerbach. Die guten Fußballer wohnen alle in Unterbillerbach. Darum gewinnen wir ja auch immer.«

Tobi winkte ab. »Weil ihr mehr Auswechselspieler habt, darum! Und weil der Stöpsel nicht

gut ist im Tor. Aber das ändert sich jetzt alles, das wirst du sehen.«
»Wir haben einen erfahrenen Trainer.«
»Ach ja? Und wer ist das?«
»Mein großer Bruder.«
»Wir haben ab jetzt auch einen erfahrenen Trainer.« Das war Tobi nur so rausgeflutscht. Er wollte einfach nicht, dass Uwe immer so überhebliche Antworten wusste. In Wirklichkeit hatte er keine Ahnung, wie die Oberbillerbacher an einen Trainer kommen sollten.
»Das nützt euch nichts!« Uwe knallte die Fäuste auf die Tischplatte. »Und wenn du zehnmal ein guter Torwart bist, also, gegen meine angeschnittenen Wuchtschüsse hast du keine Chance. Beim Kopfball steige ich noch höher als die Elisabeth.«
Tobi hatte schon festgestellt, dass Elisabeth länger war als alle anderen. Bei Freistößen und Ecken musste das ein Vorteil sein. Es kam eben nur darauf an, dass Elisabeth von den anderen richtig angespielt wurde.
»Kannst du mit deinen grünen Haaren überhaupt köpfen?«, fragte Tobi.
»Das kannst du mir glauben. Und wie!«
»Sag mal, warum hast du dir denn so eine

grüne Strähne in die Haare färben lassen? Das sieht doch beknackt aus!«

Uwe legte Tobi die Hand auf die Schulter und flüsterte verschwörerisch: »Ich werde es dir verraten. Wenn mal zufällig der Bundestrainer nach Billerbach kommt und uns zuschaut, dann wird der sofort merken: Da spielt ja ein unheimlich begabter Stürmer mit! Wie der seine Gegner ausspielt! Was der für einen schnellen Antritt hat! Wie gewaltig der schießt! So einen Nachwuchsspieler merke ich mir für später. Der kommt dann in die Nationalmannschaft. Und was kann sich der Nationaltrainer am besten an mir merken?«

»Die grünen Haare vielleicht?«

Uwe boxte Tobi in die Seite. »Mensch, du hast es erfasst! Genau, die grünen Haare. Man muss auf sein Outfit achten als Fußballer. Die grünen Haare sind mein Markenzeichen.«

»Quatsch!«, sagte Tobi.

Da drängelten sich aber plötzlich ganz spannende Geschichten in seinem Gehirn. Das kam ja wirklich vor, dass der Fußballbundestrainer oder andere wichtige Leute im Lande herumreisten und nach Nachwuchstalenten suchten. Grüne Haare waren da nicht schlecht. Damit fiel man auf. Wer ist denn dieser hervorragen-

de Torwart?, würde vielleicht so ein Beobachter fragen. Tobi Bosse? Aha! Aber dann würde er den Namen wieder vergessen. An grüne Haare würde er sich aber bestimmt immer erinnern. Diese Gedanken brachten Tobi auf eine Idee.
»Hör mal zu, Uwe! Wir machen eine Wette.«
»Um was soll's denn gehen?«

Tobi erklärte es. »Ich wette, dass die Oberbillerbacher das nächste Spiel gegen eure Mannschaft gewinnen.«
»Du musst verrückt sein!« Uwe hielt sich den Bauch vor Lachen. »Ich wette natürlich dagegen. Um was wetten wir eigentlich?«
»Um die grünen Haare. Wenn ihr gewinnt, darfst du die grüne Strähne behalten. Wenn wir gewinnen, musst du die Farbe rausmachen und ich lasse mir eine Strähne grün färben. Na, ist das eine faire Wette?«

Uwe zog die Stirn in Falten und dachte nach. »Irgendwie hab ich das Gefühl, dass du mich austricksen willst«, sagte er nach einer Weile. »Aber wir gewinnen ja sowieso. Die Wette gilt.«
Tobi nickte heftig. »Die Wette gilt.«
Das Gespräch über die Klassenfahrt war inzwischen beendet. Alle Kinder hatten sich aufgeschrieben, was sie mitbringen sollten und woran sie denken mussten. Nur Tobi und Uwe nicht.
Frau Lienenbeck begann mit dem Unterricht. Sachkunde war an der Reihe. Heute sollten die Schülerinnen und Schüler erfahren, wie eine Glühbirne funktioniert. Das fand Tobi nicht spannend, denn er wusste es schon. Darum dachte er sich lieber aus, wie er Uwes Wuchtschüsse abwehren würde. Er sah sich im Hechtsprung durch die Luft segeln und die angeschnittenen Bälle um den Torpfosten drehen, sah sich beim Fausten und Fangen und Fliegen. Tobi, der Beherrscher des Strafraumes!
In der Pause rief Elisabeth die Mannschaft zusammen. »Heute Nachmittag um vier! Leichtes Training auf dem Sportplatz. Und dann probieren wir den neuen Torwart aus. Du kommst doch, Tobi?«
»Dumme Frage!«, knurrte Tobi. »Und ob ich komme!«

»Pitter, meinst du, dein Bruder leiht uns wieder seinen Ball?«, wollte Elisabeth wissen.
»Ich klau ihn mir heimlich«, sagte Pitter und grinste.
Rita streckte die Hände zu den Wolken hoch und rief mit gespielter Weinstimme: »Hätten wir doch den schönen Ball von Metzger Kemper gewonnen!«
»Haben wir aber nicht«, stellte Jonas sachlich fest. Er schaute zu Tobi hinüber und kniff die Augen zusammen. »Ich finde, du hast dich verdammt freundlich mit dem doofen Uwe unterhalten. Mir gefällt so was nicht. Hast du schon vergessen, dass der unser gefährlichster Gegner ist?«
»Einer wie ich vergisst überhaupt nichts«, antwortete Tobi kühl. »Das schreib dir mal hinter deine Segelohren! Außerdem ist es immer gut, wenn man über seine Gegner Bescheid weiß. Ich sehe schon, von Taktik hat der Jonas keine blasse Ahnung.« Mit Schwung schob Tobi sich eine Banane in den Mund.
Dann machte der Schulgong schon wieder ping-pang-pong.

Tobis Trick

Er war mit den anderen den Wiesenweg hinaufgestapft und nun sah er zum ersten Mal den Bolzplatz zwischen den Wiesen am Waldrand. Tobi war enttäuscht. Der Platz hatte ungefähr die Grundfläche einer Turnhalle. Klar, da konnte jede Mannschaft mit nur fünf Spielern antreten. Die Tore mit den Drahtnetzen waren klein wie beim Handball. Wie sollte Tobi da seine Extraklasse beweisen! Der Aschenbelag wirkte ungepflegt und ziemlich dreckig.

»Ein Olympiastadion ist das ja nicht gerade«, nörgelte Tobi.

»Billerbach ist ja auch nicht München«, sagte Pitter. »Der andere Platz ist auch nicht besser.« Damit meinte er den von den Unterbillerbachern.

Rita streckte den Zeigefinger hoch. »Ein guter Spieler kann auf jedem Platz gut spielen.«

Da war Tobi natürlich ganz anderer Meinung. Der Ball von Pitters Bruder erwies sich zu allem Elend als eine arg weiche Pflaume. Tolle Faustparaden waren mit so einem Ding unmöglich. Tobi setzte sich seine Torwartmütze auf, die hatte er zur Vorsicht wegen der schräg einfallenden Sonnenstrahlen mitgebracht und außerdem sah sie sehr schneidig aus.

Sie zurrten die Schnürbänder ihrer Sportschuhe fest, zogen Strümpfe und Hemden zurecht und ließen zur Auflockerung Arme und Beine kreisen. Tobi streifte seine Spezialtorwarthandschuhe über, das waren eigentlich die Gartenhandschuhe seiner Mutter.
Elisabeth kommandierte: »Wir drehen erst mal ein paar Runden!«
Sie trabten los. Spaß schien das niemandem zu machen. Elisabeth, die an der Spitze lief, zog allmählich das Tempo an. Sie hatte es ja auch leicht mit ihren langen Beinen. Stöpsel kam gehörig ins Schnaufen. Tobi war verblüfft, dass der pummelige Jonas so ausdauernd sprinten

konnte. Ein bisschen neidisch musste er sich eingestehen: Der rennt schneller als ich.
Nach der zehnten Runde um den Aschenplatz ließen sie sich erschöpft ins Gras fallen. Pitters Stirnband glänzte vor Schweiß wie ein nasser Waschlappen.
»Mit meinen Spielkameraden in der Stadt bin ich mindestens dreimal so lange gelaufen«, sagte Tobi und gab sich Mühe, sich sein Gekeuche nicht anmerken zu lassen. »Mindestens!«
»Du bist eben doch ein Angeber!«, schnauzte Jonas.
Elisabeth sprang auf die Beine. »Fangt bloß keinen Streit an! Los, auf geht's! Wir trainieren jetzt das Kombinationsspiel. Vom linken Tor zum rechten und wieder zurück. Den Ball annehmen, unter Kontrolle bringen und im Laufen wieder abspielen. Und dass mir jeder Pass auch richtig ankommt! Rita und Stöpsel gehen an die Außenstürmerpositionen. Euch spielen wir steil an. Hat jeder kapiert?«
Zwar nickten alle eifrig, aber dann wurde es doch ein jämmerliches Schauspiel. Nur gut, dass die Unterbillerbacher das nicht sehen, dachte Tobi. Die würden sich vor Lachen in die Hosen machen.
In breiter Reihe liefen die sechs Spieler los und

ließen den Ball von einem zum anderen wandern. Das heißt, so hatten sie es eigentlich vor. Doch kaum ein Zuspiel kam richtig an. Mal trudelte der Ball in die Hacken des Mitspielers, mal wurde der Ball so weit vorgelegt, dass von einem gekonnten Flachpass keine Rede sein konnte. Auch Tobi hatte Schwierigkeiten bei der Annahme. Er sagte sich: Entweder liegt das am Platz oder am Ball und außerdem bin ich ja Torwart. Doch das war selbstverständlich nur eine faule Ausrede.

Einmal schickte Jonas die Flügelstürmerin Rita auf die Reise, doch die geriet ins Stolpern und drosch den Ball ziellos in die Wiese. Stöp-

sel auf der anderen Seite konnte Elisabeths Steilpässe kaum erreichen oder er ließ den Ball durch die Beine flutschen. Pitter schimpfte wie ein Rohrspatz.
»Pause!«, befahl Elisabeth.
»Wir sind sauschlecht in Form«, gab Jonas kleinlaut zu.
»Wahrscheinlich steckt uns die Niederlage noch in den Knochen«, meinte Pitter. Und dann sagte er einen Satz, den ein Nationalspieler bei einem Fernsehinterview von sich gegeben hatte: »Das ist ein mentales Problem.«
Tobi lachte laut. »Du hast ´ne Meise! Weißt du, was für ein Problem das ist? Das ist ein Anfän-

gerproblem! Ihr gurkt da rum wie Neandertaler, die vorher noch nie einen Ball gesehen haben.«
»Ach ja? Und was ist mit dir, du göttliche Torwartkatze? Haben sie dir die Beine falsch angeschraubt?« Jonas war stinksauer und spuckte Gift und Galle.
»Ich muss mich erst an diese beschissenen Platzverhältnisse gewöhnen«, entgegnete Tobi sehr von oben herab. »Ich bin eben an Rasenplätze gewöhnt.«
»Vielleicht hast du ja auch bloß immer im Laufställchen rumgekickt mit deinem Baby-Ballaballa.« Jonas machte ein wildes Gesicht, als wollte er Tobi die Nase abbeißen.
Elisabeth stellte sich zwischen die Streithammel. »Ich dulde keinen Krach innerhalb der Mannschaft. Schämt euch was! Da freuen sich

die Gegner doch nur. Teamgeist! Habt ihr das Wort schon mal gehört? Wie eine verschworene Gemeinschaft muss man zusammenhalten. Jeder setzt sich für den anderen ein. Tobi und Jonas, hopp, reicht euch die Pfoten!«

Verschämt und ein wenig widerwillig gaben sich die beiden Jungen die Hand und versprachen, ab jetzt friedlich zu sein. Elisabeth hatte ja Recht, das sahen sie ein. Und Tobis Laune verbesserte sich sowieso ganz plötzlich, denn nun durfte er sich endlich ins Tor stellen.

»Jetzt werden wir sehen, ob du wirklich eine Torwartkatze bist!« rief Stöpsel.

Pitter, Rita, Jonas, Elisabeth und Stöpsel stellten sich in ungefähr zehn Schritten Abstand vor Tobis Tor im Halbkreis auf und fingen an ihren neuen Torwart auszuprobieren. Gegenseitig legten sie sich die Bälle vor und knallten drauflos. Das gefiel Tobi sehr. Er wippte in den Knien, spreizte locker die Arme und sprang wie von einer Feder geschnellt los, wenn der Ball angezischt kam.

»Donnerwetter! Der Tobi ist eine Wucht.« Rita staunte.

»Wartet mal, bis ich mich richtig eingeschossen habe!«, rief Jonas. »Bis jetzt ist's ja nur Pipifax.«

Tobi fing, was zu fangen war. Manchmal musste er fausten, hin und wieder konnte er auch bloß abklatschen. Zwar rauschten einige Schüsse auch am Tor vorbei, doch Tobi fand, dass die fünf Fußballer da vor seinem Kasten ganz schön was auf der Pfanne hatten. Rita schoss sogar beidfüßig, allerdings nicht besonders wuchtig. Pitter schnitt gekonnt mit dem Außenrist an. Elisabeth erwies sich als erstklassige Technikerin und bevorzugte flache Schüsse. Stöpsel stand meist zu weit hinter dem Ball und dadurch kamen seine Bälle entweder hoch geflogen oder strichen über das Tor.
Die fange ich doch mit der Mütze!, dachte Tobi. Die härtesten Schüsse stammten ganz eindeutig von Jonas. Der legte sein ganzes Gewicht hinein und knallte, was das Zeug hergab. Tobi streckte sich wirklich wie eine Katze, tauchte blitzschnell in die Ecken und verkürzte geschickt den Winkel, wenn Jonas von außen anstürmte. Inzwischen war Tobi gar nicht mehr so traurig darüber, dass der Ball pflaumenweich war, denn trotz der großen Handschuhe taten ihm bei manchen Knallern die Fingerspitzen weh.
»Klasse!«, gab Jonas zu, als Tobi einen Flach-

schuss um den rechten Pfosten drehte, obwohl der Ball höllisch angeschnitten war.
Elisabeth sagte es ganz vornehm: »Der Tobi stellt eine Bereicherung für unsere Mannschaft dar!« Woher sie nur solch einen Satz hatte!
Das ging dem Tobi natürlich runter wie Honig. Obwohl er längst in Schweiß gebadet war und seine Beine wabbelig wie Pudding wurden, sprang er immer noch jedem Schuss wie eine Katze entgegen. Klar, er konnte nicht alles abwehren, was da auf seinen Kasten geknallt und gezischt und gedonnert kam. Manchmal war selbst er machtlos. Es machte ihn wütend, wenn der Ball im Netz zappelte. Einmal, als er einen Aufsetzer von Rita nicht richtig erwischte, pflügte er mit der Nase regelrecht durch den Dreck. Es tat mörderisch weh, doch Tobi ließ sich nichts anmerken.
»Wir sollten langsam aufhören«, schlug Stöpsel vor.
»Von mir aus können wir noch fünf Stunden weitermachen«, rief Tobi lachend. »Ich bin noch kein bisschen müde.«
»Dann üben wir noch ein paar Eckbälle«, entschied Elisabeth.
Sie, Pitter und Jonas waren die angreifenden

Stürmer, Rita und Stöpsel mussten vor Tobis Tor verteidigen. Es zeigte sich, dass Pitter wunderschön genaue Eckstöße zirkeln konnte und dass die lange Elisabeth sich beim Köpfen enorm hochreckte. Wenn Tobi dann nicht fangen oder fausten konnte, schlenzte der Abstauber Jonas die abgeklatschten Bälle ins Tor.
Die beiden Verteidiger stellten sich ausgesprochen dämlich an.
»Also, beim Rauslaufen und im Stellungsspiel hat der Tobi noch Schwächen«, stellte Elisabeth fest, »aber sonst ist er echt gut.«
Sie hörten auf mit dem Training. Es reichte für heute. Lang legten sie sich hinter Tobis Tor ins Gras und ruhten sich aus. Die Abendsonne leuchtete freundlich. Tobi genoss das starke Gefühl.
»Die Sache mit dem Angeber nehme ich natürlich zurück«, sagte Jonas großmütig zu Tobi. »Aber ob wir nun das Revanchespiel gegen die Unterbillerbacher gewinnen können, das steht noch in den Sternen, wie man so sagt. Und ausgerechnet auf dem Platz von denen!«
Stöpsel maulte: »Und wo die einen Trainer haben und wir nicht!«
Ein bisschen zögernd sagte Tobi: »Ich hab dem

Uwe vorgeschwindelt, wir hätten jetzt auch einen Trainer.«
»Blödmann!«, schrie Pitter. »Wir haben aber keinen!«
»Vielleicht doch«, kicherte Tobi.
Da schaltete sich Elisabeth ein. »Ach ja? Willst du vielleicht einen Trainer aus der Torwartmütze zaubern?«
Tobi schwenkte seinen Oberkörper hoch. »Unter meiner Torwartmütze hab ich ja wohl auch noch ein schlaues Köpfchen, oder? Und in dem Köpfchen steckt ein prima Gehirn und da ist eine Superidee drin. Wartet's ab! Vielleicht habe ich morgen eine Überraschung für euch.«
»Da bin ich aber neugierig, ob ich morgen überrascht bin«, sagte Pitter. »Und jetzt muss ich mal ganz rasch den Ball nach Hause bringen, damit mein Bruder nichts merkt. Der kommt nämlich gleich von der Arbeit.«
Die sechs Fußballspieler liefen den Wiesenweg hinunter.
Zu Hause trank Tobi zwei Sprudelwasserflaschen leer und verschlang vier Brötchen mit seiner Lieblingsleberwurst, bevor er sich unter die Dusche stellte. Beim Abendessen schlug er noch einmal gewaltig zu und schaufelte sich

eine Riesenmenge Bratkartoffeln mit Speck und Spiegeleiern in den Mund.
»Musst du dich so verfressen anstellen?«, fragte Cordula und rümpfte die Nase. »Eines Tages wirst du platzen! Wer sich so ungesund ernährt wie du . . .«
Tobi protestierte. »Ich hab heute so viel Kraft verbraucht beim Fußball, dass ich kurz vor dem Verhungern bin! Wenn der Akku leer ist, dann muss er wieder aufgeladen werden.« Das habe ich gut gesagt, dachte Tobi.
»Aber doch nicht so! Sportler müssen sich vernünftig ernähren.«
»Hast du etwa Ahnung davon?«
»Ja«, sagte Cordula, »hab ich.«
»Aber von Fußball hast du keine Ahnung! Nur von Volleyball!«
Cordula verteilte Gurkenscheiben und Tomatenstückchen auf ihr Vollkornbrot. »Jetzt mach mal lange Ohren, du großer Ballkicker! Richtige Ernährung und richtige Körperschulung, so etwas gilt für alle Sportarten. Ich weiß genau, wie man seinen Körper für Hochleistungen fit macht.«
»Ha!«, schrie Tobi. »So jemanden brauchen wir! Willst du Trainer von unserer Fußballmannschaft werden?«

Cordula zeigte ihrem Bruder den Vogel. »So weit kommt es noch, dass ich meine Freizeit mit euch Würstchen verplempere. Deine irre Idee kannst du dir mal ruck, zuck abschminken.«

Aber jetzt!

Jetzt griff Tobi tief in seine Trickkiste. Er wusste ja genau, wie er seine große Schwester bei der Ehre packen konnte. Nach dem Abendbrot folgte er ihr in ihr Zimmer, schaute sich wie gelangweilt Cordulas neue Schallplatte von Joe Cocker an und murmelte: »Dann hat Uwes Bruder also doch Recht gehabt.«

»Was murmelst du dir da in den Bart?«, fragte Cordula.

»Dass Uwes Bruder doch Recht gehabt hat.«

»Wer ist Uwes Bruder?«

»Der ist der Trainer der Unterbillerbacher Fußballer.«

»Und wieso hat der Recht gehabt?«

»Weil der gesagt hat: Mädchen trauen sich nicht, Trainer zu werden. Ich hab gemeint, dass das nicht stimmt. Aber er hat nur gelacht. Und man sieht ja, dass er Recht hat.« Cordula kniff die Augen zusammen. »So, gelacht hat er?«

»Genau«, bestätigte Tobi. »Und behauptet hat

er, dass Frauen und Mädchen kein Durchsetzungsvermögen haben. Die sind viel zu weich. Darum taugen sie auch nicht als Trainer. Ja, und dass du dich auch nicht trauen würdest unsere Mannschaft zu trainieren, das hat er auch noch gesagt.«

Wie eine Tigerin fuhr Cordula ihre Krallen aus. »So einen Schwachsinn hat der verzapft, der Clown? So ein Piefke! So ein Urwaldaffe! Der ist wohl von vorgestern, dieser reaktionäre Wicht! Diese bescheuerte Sorte von Macker hab ich sowieso gefressen. Eingebildetes Pack!« Cordula geriet mächtig in Fahrt. »Frauen und Mädchen sind zu weich, wie? Die gehören hinter den Herd, wie? Trainer: Das ist nur was für harte Männer mit Durchsetzungsvermögen, wie? Da hört sich doch alles auf! Und ich dachte, die Dinosaurier seien ausgestorben, aber der ist ja offenbar einer. Der hat wohl Matsche im Hirn!«

Tobi musste gehörig aufpassen, dass er nicht vor Lachen laut rausplatzte. Aber ein wenig Herzbullern hatte er auch. Er kannte Uwes Bruder doch überhaupt nicht. Was er ihm da alles angedichtet hatte, na! Doch Tobi tröstete sich: Hauptsache, mein Trick hat gewirkt.

»Dem werde ich's zeigen!«, fauchte Cordula.

»Was willst du damit sagen?«, fragte Tobi scheinheilig.
»Dass ihr ab jetzt eine Trainerin habt. Das will ich damit sagen.«
»Hurra!«, brüllte Tobi und stieß drei Tarzanschreie aus.
»Freu dich bloß nicht zu früh!«, warnte Cordula. »Das wird kein Zuckerschlecken für eure Mannschaft, das kann ich dir verraten.«
Tobi freute sich trotzdem. Und als er am nächsten Morgen den anderen aus der Mannschaft die Neuigkeit verkündete, da freuten die sich auch.

Die rosa Teufel

Am Samstag trafen sie sich zum ersten Training mit der neuen Trainerin. Cordula hatte einen piekfeinen Jogginganzug an, der war leuchtend rosa und hatte an den Nähten seegrüne und himmelblaue Streifen. Doch nicht dieser Anzug war es, was Tobi und die anderen vor Entzücken kreischen ließ, sondern der neue Fußball. Cordulas Geschenk an die Mannschaft! Dass sie den rot-weißen Ball aus dem Sportartikelgeschäft mitnehmen durfte, weil er im Lager ein paar Kratzer abbekommen

hatte und daher unverkäuflich war, verriet sie nicht.
»Bessere Bälle haben die Profi-Klubs auch nicht«, stellte Jonas fachmännisch fest. »Kommt, wir machen ein Spielchen!«
»Von wegen!«, sagte Cordula hart. »Jetzt will ich erst mal testen, wie ihr körperlich so drauf seid. Stellt euch hintereinander auf zum Waldlauf! Wir beginnen ganz langsam. Und schön federn in den Gelenken!«
Besonders fröhliche Gesichter machten sie nicht, als sie nun zum Waldrand zockelten und dann in den düsteren Hohlweg einbogen. Viel lieber hätten sie nämlich den neuen Ball ausprobiert.
»Ihr seid nicht elastisch genug!«, rief Cordula. »Locker, locker! Ich sehe schon, mit eurer Fitness ist es nicht weit her. So stocksteife Spieler können natürlich nicht gewinnen. Da haben wir noch eine Menge Körperschulung zu treiben. Macht mir jetzt alles genau nach, hört ihr?«
Cordula, die große Sportlehrerin, setzte sich an die Spitze ihrer Schützlinge. Mal spurtete sie eine kurze Strecke, mal ließ sie die Mannschaft auf der Stelle hüpfen und Arme und Beine ausschlenkern. Dann gingen alle wie stelzende

Störche auf den Zehenspitzen, ließen Köpfe und Schultern rollen und streckten die Arme hoch, als wollten sie nach den Wolken greifen.
»Viel lockerer! Viel lockerer!«, rief Cordula immer wieder. Sie war ganz eindeutig unzufrieden mit der Kondition der sechs Fußballer.
Liegestütze und Butterwiegen, Schubkarre und Armekreisen: nichts wurde ausgelassen. Beim Weitsprung aus dem Stand stolperte Stöpsel über eine Baumwurzel und kullerte den Hang hinunter. Zuerst wollte er heulen, doch er überlegte es sich noch einmal und beschloss, lieber zu lachen. Harte Fußballspieler weinen doch nicht!
Cordula verkündete: »Jetzt sprechen wir mal über Ernährungsfragen.«
Hilfe! dachte Tobi und zog sich das Hemd über das Gesicht. Ich glaube, mein Goldfisch brüllt! Er ahnte, was nun kommen würde. Cordula war nun einmal ganz scharf auf gesunde Ernährung.
»Ihr seid nicht gut in Form«, sagte Cordula. »Wer richtig fit sein will, der muss sich vor allem richtig ernähren. Ab jetzt ist Schluss mit speckigen Würsten und fetten Fritten und Weißbrot. Ist das klar?«

Jonas widersprach. »Fußballspieler müssen doch kräftig sein!«
»Kräftig, ja«, antwortete Cordula und schaute dabei besonders Tobi und Jonas an, »aber nicht dick. Ich werde euch einen Ernährungsplan aufstellen. Jeder, der sich nicht daran hält, fliegt aus der Mannschaft. Sportlernahrung ist jetzt angesagt: Müsli, Reis, Rohkost, Vollkornbrot . . .«
»Gemein!«, rief Jonas dazwischen. »Alles so Sachen, die ich nicht mag. Ich esse am liebsten Hefeknödel mit Bratensoße und Schokoladenpudding.«
»So siehst du auch aus.« Cordula blieb unerbittlich. »Alle müssen sich an meinen Ernährungsplan halten. Basta!« Sie zeigte auf einen abgesägten Baumstamm. »Hockt euch mal da hin! Wir haben eine Menge zu besprechen. Eine Mannschaft braucht eine einheitliche Spielkleidung. Das ist für die Spieler und für die Zuschauer wichtig. Für welche Farbe entscheiden wir uns?«
»Lila«, schlug Rita vor.
»Das ist doch ´ne Omafarbe!« Pitter war ganz entschieden gegen Lila. »Irgendetwas Schockfarbenes brauchen wir, damit unser Gegner Angst vor uns kriegt.«

»Rosa!«, schrie Jonas. Er zeigte mit sämtlichen Fingern aufgeregt auf sein pinkfarbenes T-Shirt mit dem Donald-Duck-Kopf vorne drauf. »Rosa wär astrein! Und wo ich schon ein rosa Trikot habe und wo der Jogginganzug von Cordula auch schön rosa ist . . . Also, ich bin für Rosa.«
»Ich habe einen rosa Pulli«, sagte Elisabeth.
Stöpsel krähte: »Die Jacke von meinem Schlafanzug ist orange! Orange ist ja auch fast rosa.«
»Die Sache ist entschieden«, erklärte Cordula. »Jeder sorgt dafür, dass er was Rosafarbenes auftreibt. Hemd oder Bluse oder so.«
»Wir nennen uns dann rosa Büffel.« Jonas kam in Fahrt. »Die rosa Büffel von Oberbillerbach. Das klingt stark.«
Aber damit war Rita nicht einverstanden. »Büffel? Das hört sich nach Bolzerei an. Wir sind doch elegante Techniker, oder?«
»Aber was Gefährliches muss es trotzdem sein.« Jonas ließ nicht mit sich handeln. »Rosa Mustangs, wie findet ihr das?«
Tobi hatte dann die Idee, die alle prima fanden: »Die rosa Teufel!« Er klatschte sich selber Beifall.
»Jetzt brauchen wir aber noch einen Schlachtruf«, forderte Cordula. »So etwas hebt das Zu-

sammengehörigkeitsgefühl. Das schweißt zusammen. Alle richtigen Mannschaften haben so einen Kampfschrei. Weiß einer von euch was Passendes?«
Pitter meldete sich. »Zicke-zacke, Hühnerkacke, hoi, hoi, hoi!«
»Ist doch albern«, sagte Elisabeth.
Stöpsel dachte eifrig nach. Das konnte man sogar an seinem Gesicht sehen. Und dann platzte er heraus: »Wir spielen auf Sieg! Wir haben uns lieb! Piep-piep-piep!«
Cordula lachte. »Sieg und lieb, das reimt sich doch nicht.«
»Aber schlecht klingt es wirklich nicht«, meinte Rita.
Tobi schlug vor: »Wir versuchen´s mal, ja?«
Also versuchten sie es. Im Kreis stellten sie sich auf und steckten die Köpfe zusammen. Cordula hielt die flache Hand hin und die sechs Fußballspieler schlugen mit ihren Händen auf die Hand der Trainerin. Dazu schrien sie gemeinsam:

»Wir spielen auf Sieg!
Wir haben uns lieb!
Piep-piep-piep!«

Das hallte markerschütternd durch den Wald und das fanden sie alle sehr beeindruckend. Stöpsel wuchs mindestens um zehn Zentimeter vor Stolz.

»So, das haben wir auch erledigt«, sagte die Trainerin Cordula zufrieden. »Jetzt üben wir noch ein bisschen Bockspringen, damit ihr nicht einrostet.«

»Aber dann spielen wir mit dem neuen Ball!«

Jonas konnte es kaum erwarten seine Schusskraft vor Cordulas Augen zu beweisen. Rumpfbeugen und Hüftenrollen und Rumgehopse: so etwas machte ihm keinen Spaß.
»Gut«, entschied Cordula, »zum Abschluss des heutigen Trainings machen wir noch ein Spielchen.«
Sie brachten die Bockspringerei rasch hinter sich und rannten zum Fußballplatz zurück. Tobi ging auf seinen Torwartposten. Rita, Jonas und Stöpsel spielten gegen Elisabeth, Pitter und die Trainerin. Natürlich nahmen sie solch ein Spielchen auf ein Tor nicht ganz ernst. Doch sie dribbelten und schossen und kombinierten fast wie beim richtigen Wettkampf und lachten dazu.
Was für ein herrlicher Ball!
Tobi streichelte ihn geradezu, wenn er ihn zum Abstoß zurechtlegte. Elisabeth täuschte und trickste mit dem neuen Ball, der war astrein unter Kontrolle zu halten. Jonas donnerte noch härtere Volleyschüsse auf Tobis Gehäuse.
Trainerin Cordula war trotzdem noch längst nicht zufrieden mit der körperlichen Wendigkeit, dem Zusammenspiel und der Spielübersicht ihres Teams. Das blinde Anrennen auf das Tor, das planlose Gefummel, die unnötigen

Zweikämpfe: das alles musste abgestellt werden. Sie ordnete Dehnübungen an, ließ Freilaufen und Spiel ohne Ball trainieren, versuchte mit ihren Schützlingen, das Doppelpassspiel und die Steilpässe in den freien Raum zu verbessern. Da kamen Rita, Pitter, Stöpsel, Elisabeth und Jonas mächtig ins Schwitzen und auch Tormann Tobi hatte nichts zu lachen.

»Ihr guckt beim Dribbeln immer auf den Ball«, kritisierte die Trainerin. »Man muss unten den Ball führen und oben einen freien Blick für die Gegner und die Mitspieler haben. Alles andere ist Gurkerei.«

So etwas sagte sich natürlich leicht, doch wie sollte die kleine Truppe der Oberbillerbacher das alles üben? Cordula wollte Gartenpfähle wie Slalomstangen in den Boden des Aschenplatzes rammen, aber erstens war der Untergrund zu hart und zweitens durfte man den schlechten Belag des Spielfeldes nicht noch mehr ruinieren.

Pitter schlug vor, man könne Abfalleimer und Mülltonnen aufstellen, die sollten dann die gegnerischen Spieler sein, die es mit technisch einwandfreien Dribblings zu umspielen galt. Cordula fand das aber nicht gut genug. Sie meinte, Abfallkübel hätten keine Ausstrahlung, da sei es leicht den Ball dicht am Fuß zu führen, wenn man so eine Tonne umkurvte.

Die entscheidende Idee hatte Jonas. Es war nicht seine Schuld, dass aus dieser Idee eine Katastrophe wurde. »Mir ist was eingefallen!«, rief er. »Gartenzwerge! Was ist mit den Gartenzwergen aus Kosidowskis Garten? Das sind doch so Rieseneumel. Die kann man leicht für gegnerische Spieler halten.«

Ehe Cordula ihre Bedenken äußern konnte, sausten ihre Spielerinnen und Spieler schon los. Sie kletterten über den Gartenzaun, drangen unhörbar wie Apachen in das Dickicht von Anton Kosidowskis Bauerngarten ein und schlichen sich zwischen Himbeerbüschen und Kürbisbeeten hindurch an die Keramikzwerge ran, die überall im Gelände herumstanden. Bauchhoch waren diese Superzwerge. Manche hielten Schaufeln oder Laternen oder Spitzhacken in den Händen, andere hatten putzige Rehlein oder mümmelnde Häschen an den Beinen kleben. Gemeinsam hatten sie das alberne Grinsen im Gesicht.

»Psssst!«, zischte Rita. »Merkt euch genau die Stellen, wo die Knilche gestanden haben, damit wir hinterher wieder die richtigen Plätze finden. Der olle Kosidowski kann ganz schön gefährlich werden.«

Aus dem Haus tönte Fernsehgebrabbel. Anton Kosidowski war also abgelenkt. Jeder Fußballer schnappte sich hurtig einen Gartenzwerg und schleppte ihn zum Gartenzaun. Leicht war es nicht die Figuren über den Zaun zu wuchten. Stöpsel biss sich vor lauter Aufregung fast die Zunge ab. Doch sie schafften es und johlend trugen sie ihre Beute zum Bolzplatz hinauf.

»Die gucken alle wie die Spieler aus Unterbillerbach!«, rief Jonas. »Richtig schön doof!«
Cordula fühlte sich offensichtlich nicht wohl in ihrer Haut. Sie spürte, dass dieser erste Trainingsnachmittag böse enden würde. Und genauso war es auch.
Sie hatten die bunten Zwerge hintereinander mit ungefähr einem Meter Abstand aufgebaut. Elisabeth, die elegante Dribblerin, machte den Anfang. Sie umkurvte geschickt die Garten-

zwerggegenspieler, führte den Ball dabei dicht am Fuß und gab sich große Mühe, den komischen Grinsern in die Augen zu schauen.

Jonas wollte das alles noch schneller schaffen als Elisabeth. »Auf geht's!«, brüllte er und umspielte den Zwerg mit der grünen Zipfelmütze. Doch er hatte einen derart mächtigen Schwung, dass ihm der Ball vom Spann sprang und er selber mit voller Wucht gegen Gartenzwerg Nummer zwei knallte. Der hatte plötzlich keinen Kopf mehr, kippte nach rückwärts und traf zusammen mit dem fliegenden Jonas gegen den Zwerg mit dem Reh, dem knickte der Arm ab und das Reh schlitterte über den Aschenbelag. Ja, und dann kullerten alle sechs Zwerge durch die Gegend, bei jedem war irgendetwas

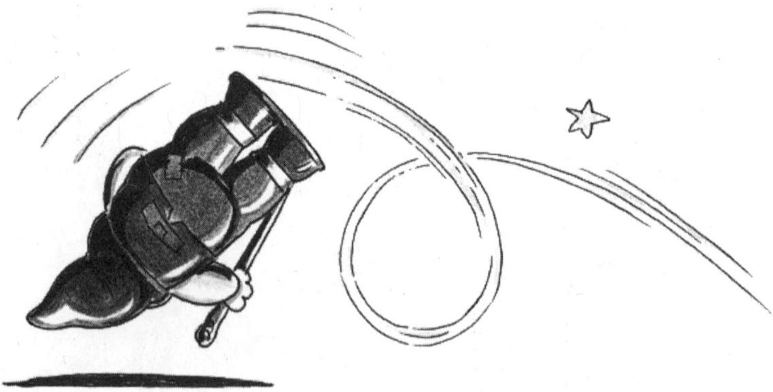

abgebrochen. Und mitten in dem Scherbenhaufen lag Jonas und blutete aus der Nase.
Cordula hielt sich die Augen zu.
Tobi dachte: Ich glaube, mein Nashorn zirpt! Das darf doch nicht wahr sein! »Rote Karte für Jonas!«, schrie er. Ihm war zum Lachen und zum Heulen zugleich zu Mute. »Jonas hat sechs Gegenspieler gefoult!«
Wie aufgescheuchte Hühner wirbelten die rosa Teufel umher. Was war da nur zu tun? Rita wischte dem verdatterten Jonas das Blut aus dem Gesicht. Pitter wetzte los, um Klebstoff zu holen. Stöpsel fing an die abgefallenen Brocken einzusammeln und zu dem jeweils passenden Gartenzwerg zu legen: Ohren, Laternen, Nasen, Zipfelmützen . . . Elisabeth stocherte mit den Fingern verzweifelt in ihrem Struwwelhaar herum.
»Schöne Bescherung!«, stöhnte Tobi. »Richtig wie Weihnachten.«
Später halfen alle eifrig mit die Figuren wieder zusammenzuflicken. Das gelang nur sehr, sehr schlecht. Hier fehlte eine halbe Hand, dort war ein Hinterkopf zu Mehl zerbröselt. Nein, putzig wirkten die Zwerge nun wirklich nicht mehr. Und hatten sie nicht auch aufgehört zu grinsen?

»Der Klebstoff muss erst hart werden«, mahnte Pitter.
Doch darauf warteten sie nicht. Wie geprügelte Hunde trugen sie die verunzierten Wichtelmänner zu Kosidowskis Garten zurück, zerrten sie zu den angestammten Plätzen und hofften inständig, dass der alte Mann sie nicht erwischte. Dem würden bestimmt noch die Augen aus dem Kopf fallen!
An diesem Abend steckten die rosa Teufel kleinlaut und mit schlechtem Gewissen die Köpfe zusammen und schlugen mit den Handflächen in die Hand der Trainerin. Jämmerlich hörte es sich an, als sie ihren Kampfruf flüsterten:

»Wir spielen auf Sieg!
Wir haben uns lieb!
Piep-piep-piep!«

Boxer Bens Solonummer

Schnelles Abspielen, exaktes Zuspiel: Cordula hatte das in den Mittelpunkt der nächsten Trainingseinheit gestellt. Es passte ihr nicht, dass die rosa Teufel so viel Zeit verplemperten, bevor sie den Ball an einen der Mitspieler weiterleiteten.
»Pitter in die Mitte! Ihr anderen bildet einen Kreis um ihn rum. Drei Schritte Abstand immer. So, und jetzt spielt euch den Ball zu, hopp, hopp! Mal nach links, mal nach rechts, mal diagonal. Und schön antäuschen, kapiert? Pitter, du musst versuchen den Ball zu erwischen!«
Also kickte Elisabeth zu Jonas, der gab schnell an Rita weiter, die schaute zu Stöpsel hinüber, schickte den Ball aber zu Tobi – und der passte nicht auf und musste für Pitter in die Mitte. Eine Weile übten sie das sehr fleißig, doch Cordula war nicht zufrieden. Das musste doch viel schneller gehen!
Da hatte Cordula einen genialen Einfall. »Tobi, fitsch nach Hause und hol den Ben!«

Selbstverständlich gehorchte Tobi seiner Trainerin und kam nach drei Minuten mit dem Boxerhund gelaufen. Ben hüpfte und hechelte und sauste wie von tausend Bienen gejagt über den Platz. Er spürte, dass er endlich einmal mitspielen durfte, und freute sich wie verrückt. Man muss wissen, dass Boxer Ben Bälle jeglicher Art und Größe liebte.

»Jetzt wird es ernst«, warnte Cordula, »jetzt wird Ben den Ball jagen. Ihr seht, wie schnell er ist. Darum müsst ihr noch schneller sein. Passt euch den Ball rasch und flach und ganz genau zu, hört ihr? Und – zack! – weiter an den nächsten Spieler. Ihr könnt nun beweisen, was ihr bei mir gelernt habt.« Sie hielt den Hund am Halsband, der stierte gierig und geifernd auf den großen Ball. Da lockte eine lohnende Beute. Cordula warf Stöpsel den Ball zu. Auf ihr Zeichen sollte er mit dem Zuspiel beginnen. Ja, und dann ließ Cordula den Boxer frei.

Ben sprang los, wie von einer Kanone abgefeuert.

Stöpsel schrie vor Schreck. Er trat zwar noch gegen den Ball, aber dann hatte der Hund ihn auch schon umgerannt. Ehe einer der anderen den Ball nur berühren konnte, war Ben mit seiner Nase schon da. Schschscht! Der Fußball

schnellte in die Luft, hopste über den Platz und Ben fetzte ihm nach. Da konnten die Kinder nur stehen und mit offenem Mund staunen. Ben, der schnellste Hund von Billerbach!
»Ben, bei Fuß!«, schrie Cordula überflüssigerweise.

»Ihm nach!«, brüllte Tobi.
Da kam endlich wieder Leben in die rosa Teufel. Sie rannten dem Hund und dem Ball nach, dass die Beine nur so flogen. Doch gegen den Boxer waren sie lahme Enten. Längst tobte Ben mit der Beute den Wiesenweg hinunter. Er balancierte den Ball wie ein Zirkusjongleur, trieb ihn mit Brust und Beinen durch Gras und Blumen und Büsche und bellte dazu hell vor lauter Hundeglück.
»Ben, komm zurück!« Tobi schrie und winkte während des Laufens. »Komm her! Leberwurst!« Dann sparte er sich die Spucke. Es war zwecklos.
Was war Leberwurst gegen solch einen Ball!
Die wilde Hatz ging an den Häusern vorbei. Verdutzte Leute schauten dem Hund mit seinem Ball und den wüst mit den Armen wedeln-

den Verfolgern aus Fenstern und Vorgärten nach. Was hatte denn das zu bedeuten? Autofahrer ließen die Hupen jaulen und stiegen auf die Bremsen, Radfahrer fielen aus ihren Sätteln, Spaziergänger gerieten in Panik, Kinder eilten kreischend zu den Müttern. Es war wie im Tollhaus.

Boxer Ben war inzwischen mit dem Ball bei der Bundesstraße angekommen. Zwischen zwei Lastwagen hindurch trieb er den Fußball auf den Billerbach zu. Ein besonders satter Hieb mit der Schnauze: Wumm! In gewaltiger Kurve segelte der Ball hoch durch die Luft und platschte ins Wasser. Ben nutzte den Schwung aus und sprang hinterher. Pitsch!

Und dann trieben Ball und Hund bachabwärts.

Völlig außer Puste kamen die Fußballspieler angeschnauft. Sie mussten eine Weile warten, bis sie die Straße überqueren konnten. Der Ball tanzte auf den kleinen Wellen. Boxer Ben paddelte und spritzte hinterher, aber er konnte

den Ball nicht erreichen. Das machte ihn wütend.
»An der nächsten Brücke müssen wir den Ball erwischen!«, rief der schnelle Jonas. Er hatte zwanzig Schritte Vorsprung vor den anderen. Doch als er bei der nächsten Billerbachbrücke ankam, waren Ball und Hund schon durch die Röhre geschwommen.
Also weiter.
Tobi war jetzt heran. »Wir . . . wir brau. . . wir brauchen . . .« Er konnte vor Gekeuche kaum sprechen. »Wir . . . wir brauchen eine Stange!«
Nein, sie brauchten keine Stange. Der Fußball und der Boxer verschwanden zwar unter der nächsten Brücke, aber sie kamen an der anderen Seite nicht wieder hervor. Hohl und erbärmlich erscholl das Boxergebell aus dem Rohr.
»Da ist doch ein Gitter unter der Brücke!«, tönte Ritas schrille Stimme aus der Ferne. »Da geht´s nicht mehr weiter!«
Ein Fanggitter für Gerümpel und Unrat! Tobi begriff sofort. Er schlüpfte aus den Schuhen, zog sich das Hemd über den Kopf und watete ins kalte Wasser. Es reichte ihm bis zum Bauchnabel. Tobi schüttelte sich. Brrrr!
»Bist du irre?«, rief Jonas entsetzt. »Du kannst doch nicht in so eine Dreckbrühe rein!«

»Ich bin schon drin!«
Wie faulig es aus dem Rohr stank! Tobi ging in die Knie. Das eisige Wasser stand ihm nun buchstäblich bis zum Hals. Fast blieb ihm die Luft weg. Undeutlich hörte er die Stimmen der rosa Teufel. Auch Cordula rief ihm irgendetwas zu, das verstand Tobi aber nicht im Geplätscher und Gegurgel des Baches.
Rein in die Röhre!
Tobi nahm allen Mut zusammen. Puh, wie düster und glitschig alles war! Zum Glück war Platz genug, dass er Mund und Nase oberhalb des Wasserspiegels halten konnte. Mit den Haaren ratschte er durch matschiges Moos.
Da, Licht von der anderen Seite des Rohres!
Tobi erkannte die Gitterstäbe, die senkrecht die Röhre versperrten. Er sah den Hund und er sah auch den Fußball, der vor dem Gitter herumwirbelte. Noch zwei, drei Armstöße vorwärts – dann hatte Tobi den Ball gepackt.
»Ben, du blöder ... blöder Hund!«, gurgelte Tobi und spuckte ekliges Wasser aus. »Raus hier!«
Zurück ging es nur sehr schwer, weil Tobi sich gegen den Wasserdruck stemmen musste. Ben sah, dass Tobi den Ball hatte. Da kam er aufgeregt hinterhergeschwommen. Ihm schien das merkwürdige Spiel Spaß zu machen.

»Hurra!«, jubelten die rosa Teufel, als sie den verschlammten Wassermann Tobi aus der Röhre kriechen sahen. »Tobi ist der Größte! Hurra!«
Jonas war auch ins Wasser gestiegen und wollte Tobi aus dem stinkenden Bach raushelfen, aber Tobi wollte keine Hilfe.
Den Rest schaffte er auch noch allein, das war doch Ehrensache.
»Weißt du, wie du aussiehst?« Pitter grinste schadenfroh.
»Will ich gar nicht wissen«, knurrte Tobi.
»Ich sag´s dir aber trotzdem«, beharrte Pitter. »Du siehst aus wie eine Wildsau. Und so stinkst du auch.«
Cordula packte den Boxer beim Halsband. »War wohl keine tolle Idee, unseren Hund als Konditionstrainer einzusetzen. Der ist viel zu gierig aufs Ballspielen.«
»Was für eine sagenhafte Solonummer der abgezogen hat! Einsame Klasse!« Rita schüttelte begeistert die Fäuste. »Der Ben hätte eine Riesenchance beim Hundefußball. Alles, was recht ist.«
»Geh mir aus den Augen, du Hund!«, blaffte Tobi den Boxer an. »Sonst erwürg ich dich!«
Ben kläffte fröhlich. Er kannte ja Tobi und

seine großen Sprüche. Die wilde Jagd hatte ihm ohne Zweifel sehr gefallen. Selig sabberte er vor sich hin.
Jonas sagte: »Mal gut, dass der Ball nicht platt gefahren worden ist. Dann ständen wir jetzt schön blöd da.«
Stöpsel fragte: »Und unser Training? Geht das weiter?«
Cordula schüttelte entschieden den Kopf. »Schluss für heute. Außerdem muss dieser Schlammhüpfer sofort unter die Dusche. Man weiß ja nicht, ob am Ende Gift im Bachwasser ist.« Mit Schlammhüpfer meinte sie natürlich ihren Bruder. »Wahrscheinlich fängt's auch bald an zu regnen.«
Ja, da türmten sich dunkelbraune und schwefelgelbe Wolken über dem Tal auf. Roch die Luft nicht sogar nach Gewitter? Die Fußballer eilten nach Hause. Tobi hatte sich das Hemd und die Schuhe angezogen. Aus seiner Hose tropfte es. Glitschiges hing in seinen Haaren. Tobi trug den Ball unter dem Arm. Die Trainerin führte den klatschnassen Ben am Halsband und gab Acht, dass der Boxer ihr nicht den piekfeinen Jogginganzug voll spritzte.
Als Tobi dann später blitzend vor Sauberkeit aus dem Badezimmer gesaust kam, da zischte

und zuckte und knallte und grollte ein Gewitter los, dass Tobi schon dachte, die Welt gehe unter. Blitze fuhren Schlag auf Schlag über den Horizont, das Donnergetöse ließ schier das Haus wackeln. Dann prasselten Hagelkörner gegen die Fensterscheiben. Boxer Ben war unter das Sofa gekrochen und winselte steinerweichend.

Tobi stand und staunte, bis die Blitze blasser wurden und das Rollen der Donnerschläge sich allmählich entfernte. Der Regen rauschte längst nicht mehr so heftig.

»Ich darf gar nicht an die Kirschblüten denken«, sagte Vater Bodo traurig. »Die sind hin.«
»Vielleicht nicht alle«, versuchte Mutter Thea zu trösten.
Der Boxer kam aus seinem Versteck hervor und rieb sich an Tobis Beinen. Weil Tobis Stimmung inzwischen wieder friedlich geworden war, kam es zu einem freundschaftlichen Geschmuse. Ach, Tormann Tobi konnte ja nicht wissen, dass an diesem Abend noch ein weiteres Donnerwetter auf ihn wartete!
Und das kam so:
Cordula hatte beschlossen endlich einmal ein paar passende Worte mit dem Trainer der Unterbillerbacher zu reden. Zum einen waren da die Bedingungen für das Rückspiel festzulegen, denn das war ja gegen alle Gebote der Fairness, dass die eine Mannschaft nach Gutdünken frische Spieler einwechseln konnte, während die andere Mannschaft nur über einen einzigen zusätzlichen Spieler verfügte. Zum anderen wollte sie Uwes Bruder einmal gehörig den Kopf waschen, denn was er da an Quatsch über Frauen im Allgemeinen und über Trainerinnen im Besonderen abgesondert hatte, das durfte nicht unwidersprochen bleiben. Diesem überheblichen

Knallkopp würde sie die Meinung geigen. Dazu war sie genau in der richtigen Stimmung. Also rief Cordula bei Uwes Bruder an.
Zur gleichen Zeit lag Tobi friedvoll auf seinem Bett, kaute einen Müsliriegel, las in einem spannenden Krimi und ließ sich von Ben die nackten Füße ablecken.
Aber dann!
Cordula kam hereingestürmt. Eine Rachegöttin! Vor Zorn zitterte sie am ganzen Leibe. Sie packte Tobi bei den Ohren und zog und zerrte und schrie: »Du hinterhältiger Schurke, du! Von vorn bis hinten alles gelogen. Du bist mir ein abgebrühtes Früchtchen, du! Michael hat über die Frauen gelästert, ja? Die seien zu weich und hätten kein Durchsetzungsvermögen, ja? Und ich würde mich sowieso nicht trauen, eure Mannschaft zu trainieren, ja? Das hat er alles zu dir gesagt, ja?« Cordula hörte nicht auf den armen Tobi zu schütteln.
»Du reißt mir noch die Ohren ab!«, zeterte Tobi.
»Genau das habe ich vor. Aus den Fingern hast du dir das alles gesaugt, du Spinner! Wolltest mich rumkriegen eure Würstchenmannschaft zu trainieren. Und das ist dir ja auch gelungen mit deinen Lügereien. Am liebsten würde ich die Brocken hinschmei-

ßen. Zusammenphantasiert hast du dir die ganze miese Story. In Wirklichkeit kennt der Michael dich überhaupt nicht. Kein Wort hat er mit dir geredet – schon gar nicht über Mädchen und Trainerinnen. Was man sich mit dir schämen muss!«

»Bitte«, fragte der geschüttelte Tobi scheinheilig, »wer ist eigentlich Michael?«

»Uwes Bruder, wer denn sonst! Und er ist sehr, sehr nett!«

»Das freut mich aber«, piepste Tobi.

»Ich erwarte, dass du dich bei ihm entschuldigst.«

»Wenn du darauf bestehst . . .«

»Ich bestehe darauf.«

Cordulas Wut schien nachgelassen zu haben. Da war auch so ein merkwürdiges Glitzern in ihren Augen. Sie ließ Tobis zerknautschte Ohren los und verließ das Zimmer. Boxer Ben traute sich wieder aus der Schrankecke heraus; in die war er geflüchtet, als Cordula handgreiflich geworden war. Tobis Laune war genauso trübe wie das Wetter.

Am nächsten Tag wurde übrigens herumerzählt, der Hagel habe in Kosidowskis Garten eine Menge Gartenzwerge schwer beschädigt. Die rosa Teufel hielten natürlich den Mund,

obwohl sie es besser wussten. Da waren sie ja noch einmal gut weggekommen!
Nieselregen begleitete die Jungen und Mädchen am Montag auf ihrer Klassenfahrt in den Teutoburger Wald. Trotzdem herrschte ausgelassene Stimmung im Bus. Wer lässt sich auch schon durch so ein bisschen Regen beeindrucken! Sie sangen und erzählten Witze. Frau Lienenbeck las über das Bordmikrofon Spukgeschichten vor, Elisabeth hatte ein Heft mit verrückten Rätselfragen mitgebracht.
In Tecklenburg krabbelten und rutschten die Kinder in der Ruine des alten Grafenschlosses herum. Später bestiegen sie den berühmten Felsen, der »Hockendes Weib« heißt, aber gar nicht so aussieht, und packten dann in einer Schutzhütte ihre Essvorräte aus.
Tobi saß neben Uwe. Er hielt sich, was das Essen betraf, ziemlich genau an die Vorschriften der Trainerin. Lustlos starrte er in seine Butterbrotdose, in der zwei Möhren, ein Apfel, ein Stück Schwarzbrot mit Radieschen und Gurkenscheiben und ein Haferflockenriegel mit Nüssen und Honig lagen.
»Heiliger Bimbam!«, staunte Uwe. »Von dem Kaninchenfutter willst du satt werden?«

»Alles gesunde Sachen«, verteidigte Tobi sich matt.
Dann packte Uwe aus: Würste und Brötchen, Butterkekse und Bananen, hart gekochte Eier und Ölsardinen, Käsescheiben und Schokolade, einen Becher Himbeerpudding und ein kaltes Kotelett, Karamellbonbons und Streuselkuchen . . . Tobi durfte gar nicht hinschauen.

Das war einer der schwersten Augenblicke in seinem Leben.
»Das willst du alles aufessen?«, fragte Tobi und das Wasser lief ihm im Mund zusammen.
»Aber klar doch!« Uwe schlug die Zähne in das Kotelett. »Ein richtiger Fußballspieler muss tüchtig essen, damit er viel Kraft kriegt. Wo-

her, glaubst du, hab ich wohl so einen wuchtigen Schuss?«
»Weil du so leckere Sachen isst?«, fragte Tobi kläglich.
»Du hast es erfasst, Tobi!« Uwe lachte mit vollem Mund.
Das machte Tobi sehr nachdenklich. Und je mehr er nachdachte, desto klarer wurde ihm: Cordulas Ernährungsplan taugte nichts.
»Hallo, hallo!« Frau Lienenbeck klatschte in die Hände. »Es geht weiter!«
Tobi biss traurig in eine Möhre.

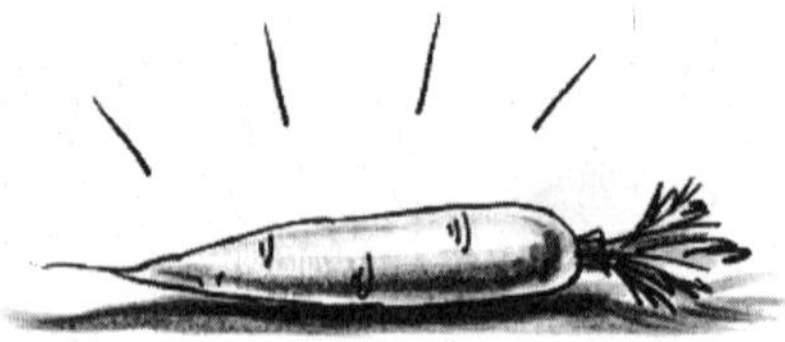

Das Spiel der Spiele

Der Tag des Rückspiels war gekommen. Die rosa Teufel fieberten vor Aufregung. Würden sie die Schlappe von neulich wettmachen können? Sie waren guten Mutes. Sicher, Auswärtsspiele sind immer schwerer, aber nun stand ja Tobi, die Torwartkatze, für sie zwischen den Pfosten!

Alles war gut vorbereitet. Cordula hatte mit der Mannschaft überraschende Spielzüge eingeübt und körperlich waren alle topfit. Mit dem Trainer der Unterbillerbacher hatte Cordula vereinbart, dass jedes Team nur einen Auswechselspieler benennen dürfe und dass wie beim Hallenfußball fliegend gewechselt werden könne. Dieses Mal war also die Chancengleichheit gewährleistet. Wirklich, Cordula und Michael hatten sich erstaunlich rasch geeinigt. Tobi machte sich da so ganz bestimmte Gedanken.

Von seiner Spezialvorbereitung verriet Tobi der Trainerin und den Mitspielern selbstverständlich nichts. Er hatte sich Uwes Aussage gut gemerkt, weil sie ihm so sehr gefiel: Ein richtiger Fußballspieler muss tüchtig essen, damit er viel Kraft kriegt. – Ja, und viel Kraft würde er bei diesem Spiel haben, mindestens so viel wie Uwe. Denn kurz vor dem Abmarsch der Mannschaft hatte Tobi den Kühlschrank und die Speisekammer geplündert und alles in sich hineingeschlungen, was ihm unter die Augen kam: gebratene Hähnchenschenkel, Kartoffelsalat, Salami, ein halbes Weißbrot, den Rest Erbsensuppe mit Mettwurst, Rollmöpse ... Er war also kräftemäßig gerüstet, da war er sich ganz sicher.

Die rosa Teufel zogen gemeinsam mit der Trainerin nach Unterbillerbach hinüber. Eine Menge Fans kamen mit ihnen, um sie lautstark zu unterstützen: Geschwister, Klassenkameraden, Mütter und auch zwei Väter und neugierige Nachbarn.

Den neuen Ball zu diesem Fußballspiel hatte Bürgermeister Wieling höchstpersönlich gestiftet. Der Brillenmann, der dünn war wie ein gerupfter Hahn, würde wieder als Schiedsrichter amtieren. Tobi wusste inzwischen, dass er hauptberuflich Pastor war.

Rund um den Bolzplatz auf der anderen Seite der schrecklichen Bundesstraße herrschte inzwischen ein Trubel wie auf der Kirmes. Frau Rappelberg von der Zeitung tanzte umher wie Rumpelstilzchen, weil sie sich sehr wichtig vorkam. Sie schrieb die Namen aller Spieler und Spielerinnen auf, die brauchte sie für die Bildunterschriften. Dann wurden die Mannschaftsfotos gemacht. Die Unterbillerbacher waren zuerst an der Reihe.

Anschließend stellten sich die Oberbillerbacher zurecht. Das hatten sie auch eingeübt. Zwar hatten ihre Hosen nichts mit einheitli-

cher Sportkleidung zu tun, aber ihre Hemden strahlten von Dunkelgelb bis Hellrot und Orange und insgesamt wirkte das beinahe wie ein einheitliches Rosa. Die Zuschauer schienen beeindruckt von den rosa Teufeln. Links stand die Spielführerin Elisabeth, dann kam Torwart Tobi mit dem Ball unter dem Arm, Rita, Pitter und Jonas schlossen sich an. Stöpsel hatte sich vor die Mitspieler gelegt und grinste wie ein Honigkuchenpferd.

Klick!, machte Frau Rappelbergs Kamera. Klick! Klick!

Und wie sie so aufgereiht standen, da begann in Tobis Bauch ein eigenartiges Glucksen und Kullern und Rumoren, das war sogar in fünf Meter Entfernung noch zu hören. Elisabeth fuhr erschrocken zusammen.

»Das kommt nur von der Aufregung«, sagte Tobi.

Der Schiedsrichter rief die Spielführer zur Seitenwahl. Uwe gewann und entschied sich mit der Sonne im Rücken zu beginnen. Mal gut, dass Tobi seine Torwartmütze mitgebracht hatte!

Anpfiff. Elisabeth schob den Ball zu Pitter, der gab ihn zurück zu Jonas, der mit Rita die

Abwehr bildete. Stöpsel war als Auswechselspieler zunächst bei der Trainerin geblieben. Die schrie erbost: »Ich krieg noch graue Haare heute!«

Denn es sah aus, als hätten die rosa Teufel alles vergessen, was sie in der letzten Zeit so ausführlich trainiert hatten. Wie aufgescheuchte Hühner irrten sie umher. Von Stellungsspiel konnte überhaupt keine Rede sein. Niemand lief sich frei, keiner bot sich an, das Spiel ohne Ball war miserabel. Alle wollten offenbar gleichzeitig dem Ball nachjagen. Selbst Jonas und Elisabeth verloren völlig die Spielübersicht.

Und so kam es, wie es kommen musste. Gerti von den Unterbillerbachern überspielte leichtfüßig den heranbrausenden Pitter, schickte Uwe mit einem erstklassigen Steilpass auf die Reise und der zirkelte den Ball am herausstürzenden Tobi vorbei ins lange Eck.

Brausender Jubel bei den Unterbillerbachern. Die Spieler lagen sich in den Armen, die Zuschauer johlten und klatschten Beifall. Am Boden zerstört: so ungefähr lag Tobi da. Und als er dann todtraurig den Ball aufhob, ging das Gluckern in seinem Bauch wieder los. Es pikste auch so merkwürdig in den Gedärmen.

»Das halte ich im Kopf nicht aus!«, keifte Cordula an der Seitenlinie. »Schluss mit dem Gewürge! Jetzt will ich anständigen Fußball sehen. Stöpsel geht für Pitter rein. Elisabeth, du bleibst konsequent vorn, aber weich auch auf die Flügel aus, verstanden? Jonas, auch mal aus der zweiten Reihe schießen! Oder hast du Schiss? Und Rita soll nicht die Kneifzange spielen. Mehr Körpereinsatz, klar? Kleb an dem Uwe dran, lass ihn nicht zum Schuss kommen! Und jetzt Tempo, lasst den Ball laufen!«

Hatte der Rückstand die rosa Teufel geschockt? Im Gegenteil, jetzt wurden sie endlich wach. Stöpsel gab butterweiche Flanken herein, Elisabeth setzte zu ihren gefürchteten Kopfstößen an und Jonas rückte mit auf und zog gewaltig ab, wenn er eine Lücke in der gegnerischen Abwehr erspähte. Rita gab sich alle Mühe, Uwe nicht ins Spiel kommen zu lassen, doch sie konnte ihn natürlich nicht ganz ausschalten.

Es zeigte sich, dass die beiden Mannschaften ungefähr gleichwertig waren. Das irritierte die Unterbillerbacher, die die letzten Spiele immer locker gewonnen hatten. Als Paul über den Ball schlug, nutzte Stöpsel die Chance. Er lupfte

den Ball so geschickt zu Elisabeth, dass die nur noch den Kopf hinzuhalten brauchte.
1:1! Dass sie das noch vor der Halbzeitpause geschafft hatten! Jubelnd liefen sie auf ihre Trainerin zu, als der Schiedsrichter pfiff. Tobi allerdings ging sehr langsam.
Sie hockten dann im Gras, schlürften Mineralwasser ohne Kohlensäure und lauschten den taktischen Anweisungen der Trainerin. Rita sollte sich erst einmal erholen, Pitter wurde mit Uwes Bewachung beauftragt, Elisabeth und Stöpsel sollten durch ständigen Seitenwechsel die Gegner verwirren ...
Tobi hörte das alles, doch er hörte nicht richtig zu. Ihn beschäftigte vor allem, was in seinem Bauch geschah. Allmählich begriff er, was für einen schlimmen Fehler er gemacht hatte. Flüsternd schwor er einen heiligen Eid: »Ich werde mich nie mehr in meinem Leben überfressen!« Und er nahm sich vor auf die Zähne zu beißen und sich nichts anmerken zu lassen.
Das war allerdings leichter gedacht als getan. Denn in der zweiten Spielhälfte gerieten die rosa Teufel erst einmal mächtig unter Druck. Doch der Reihe nach!
Wie zum Spielbeginn steckten sie die Köpfe

zusammen, legten die Hände in die Handfläche der Trainerin und versprachen einander:

»Wir spielen auf Sieg!
Wir haben uns lieb!
Piep-piep-piep!«

Aber wer dann auf Sieg spielte, das waren die Unterbillerbacher. Anscheinend hatten die in der Pause ganz frische Kräfte getankt. Sie legten ein solches Höllentempo vor, dass den rosa Teufeln die Schüsse nur so um die Ohren rauschten. Der gequälte Tobi bekam auf einmal eine solche Menge Arbeit, wie er sich das in seinen schlimmsten Träumen nicht ausgemalt hatte. Er fischte bei Fernschüssen den Ball aus den Winkeln, tauchte nach Abstaubern und Aufsetzern in die Ecken, fing den Ball vor dem anstürmenden Uwe oder faustete hohe Flankenbälle ins Seitenaus oder drehte sie zur Ecke um den Torpfosten. Sosehr er litt, so garstige Dinge sich in seinem Inneren abspielten: Tobi lief zu großer Form auf.
Die angeschnittene Vorlage von Trude konnte er aber leider nur abprallen lassen. Jens bekam den Ball genau vor die Füße und fackelte nicht lange. 2:1 für Unterbillerbach! Der Torschrei

tat weh wie eine Ohrfeige. Tobi hatte Tränen in den Augen.
»War doch nicht deine Schuld!«, tröstete Jonas. Er wusste den wirklichen Grund für Tobis Jämmerlichkeit ja nicht. »Jetzt zeigen wir´s den andern aber mal! Auf geht´s mit Schmackes!«
Hatten die Mitspieler dieses Signal gehört? Gleich vom Anstoß an der Mittellinie aus entwickelte sich ein prachtvoller Angriff. Pitter erkannte, dass Jonas aufgerückt und in Stellung gelaufen war. Genauer Pass, kurze Drehung und dann – peng! Gegen diesen Knaller war kein Kraut gewachsen. Jonas schlug einen Purzelbaum vor Freude.
Die rosa Teufel im Fußballglück!
Ausgerechnet der dünne Hering Stöpsel war es, der die Mannschaft in Führung brachte. Eine Flanke von Rita schwebte vor das gegnerische Tor, der Torwart verschätzte sich und griff am Ball vorbei, Elisabeth war zur Stelle, verlängerte mit dem Kopf zum frei stehenden Stöpsel und der schlug eiskalt zu. Anschließend konnte er es kaum fassen, dass er soeben ein Tor geschossen hatte.
3:2 für die rosa Teufel!
So eine Überraschung war das, dieses Tor von Stöpsel, dass es den Zuschauern erst einmal

die Sprache verschlug. Konnte das denn wahr sein? Dann brandete der Beifall auf.

Cordula rief aufgeregt: »Abwehr verstärken! Wir packen es!«

Dann nahm das Unglück seinen Lauf. Uwe umspielte Pitter und kam von halb rechts gedribbelt. Tobi erkannte, dass kein Verteidiger zur Stelle war, und lief mit ausgebreiteten Armen aus dem Tor. Da legte Uwe alle Wut über den Rückstand in seinen Schuss. Der Ball knallte mit voller Wucht gegen Tobis Bauch. Eigentlich hätte Tobi den abgeprallten Ball leicht packen können, doch saft- und kraftlos sackte er zusammen. Das war eindeutig zu viel gewesen für seinen überfüllten Magen. Tobi konnte nicht einmal mehr die Hände hochrecken, als Uwe im Nachschuss den Ball ins Netz drosch. Uwes Jubelschrei nahm er wie aus weiter Ferne wahr.

»Ein anderer muss ins Tor«, konnte Tobi noch flüstern, als Jonas ihm auf die Beine half. Dann schlurfte er wackelnd und schwankend vom Spielfeld.

»Warum hast du den Ball nicht gehalten?«, rief Elisabeth vorwurfsvoll.

Tobi gab keine Antwort.

Cordula fasste ihn beim Arm. »Was soll der

Blödsinn? Warum bleibst du nicht im Tor?«, fragte sie und war offenbar stinksauer. »Hast du 'ne Macke?«
Tobi schüttelte, so gut das noch ging, den Kopf. »Ich . . . ich muss kotzen.« Er torkelte weiter zu den Büschen und übergab sich dort fürchterlich.
Als Tobi schlapp und verschwitzt, aber immerhin erleichtert zurückkam, spielte sich gerade Unglück Nummer zwei ab. Fuzzi Ralf von den Unterbillerbachern stürmte auf das Tor der rosa Teufel zu, in dem stand nun Stöpsel als Tobi-Ersatz. Elisabeth kam von der Seite ge-

rannt und mit dem ausgestreckten Bein traf sie nicht den Ball, sondern Ralfs Knie. Notbremse, ganz klar!
Schmerzhaft schrillte der Pfiff des Schiedsrichters in Tobis Ohren. Strafstoß! Und das Sekunden vor Schluss beim Stand von 3:3. Schlimmer konnte es kaum kommen. Tobi sah, wie seine Mitspieler die Köpfe hängen ließen. Stöpsel schlotterte wie bei dreißig Grad unter Null. Die Unterbillerbacher frohlockten vor Siegesgewissheit.
Da wuchs Tobi sozusagen über sich hinaus.
»Lasst mich wieder ins Tor!«, rief er mit bröckeliger Stimme.
Nur zu gern machte Stöpsel ihm Platz. Besorgt schauten die Mannschaftskameraden auf den kreidebleichen Tobi. Cordula zog die Stirn zu Dackelfalten zusammen. Uwe legte sich bereits den Ball zum Strafstoß zurecht.
Tobi dachte verzweifelt nach. Er dachte: Ich denke, dass Uwe in meine rechte Torecke zielt, also hechte ich in die linke. Denn es kommt immer anders, als man denkt.
Dann ging alles blitzschnell. Uwe lief an, täuschte ein wenig mit dem Oberkörper und schoss mit dem Außenspann. Gleichzeitig flog Tobi in die linke Torecke – und genau dort wäre

der Ball eingeschlagen, wenn Tobi, die Torwartkatze, ihn nicht gerade eben noch mit den Fingerspitzen erwischt hätte. Junge, das war knapp!, dachte er und lächelte selig. Die ande-

ren rosa Teufel warfen sich vor Freude kreischend über ihn und hätten ihn fast zerquetscht . . .
Der Schlusspfiff ertönte. Das Unentschieden war gerettet. Ein spannendes Spiel ging zu Ende. Die Spielerinnen und Spieler der beiden Mannschaften reichten sich versöhnlich die Hände. Der Schiedsrichter, der ja ein Pastor war, hätte gern noch eine Schlussrede gehalten, aber als er merkte, dass niemand zuhören wollte, hielt er den Mund.
»Wer bekommt denn jetzt den gestifteten Ball?«, fragte Uwe.
»Er gehört uns allen zusammen«, sagte Elisabeth.
»Und wie soll das funktionieren?«, wollte Fuzzi Ralf wissen.
Da schaltete sich Frau Lienenbeck ein. Sie hatte natürlich auch zugeschaut. »Ganz einfach! Ihr spielt nicht mehr gegeneinander, sondern miteinander. Oberbillerbacher und Unterbillerbacher in einer Klassenmannschaft. Wie findet ihr das?«
»Doof!«, maulte Stöpsel. »Sollen wir dann etwa gegen Kosidowskis Gartenzwerge spielen?«
»Komiker!« Frau Lienenbeck lachte. »Ihr könntet zum Beispiel gegen die Havixbacher Kinder

spielen. Die haben sogar einen großen Fußballplatz.«
Das fand Uwe astrein. »Au ja! Richtig elf Spieler gegen elf Spieler. Das ist ´ne Wucht. Und gemeinsam stellen wir Billerbacher doch eine Supermannschaft auf die Beine.«
»Das kannst du laut sagen!« Tobi spürte, dass es ihm schon wieder viel, viel besser ging. »Mit Tobi, der Torwartkatze!«
»Angeber! Angeber!«, brüllte Jonas, dann brüllten es alle.
»He, Tobi, wie machen wir´s denn jetzt mit den grünen Haaren?«, wollte Uwe wissen. Denn da war ja noch die Wette.
»Das ist doch kein Problem«, sagte Tobi und grinste.
Und so ging es weiter: Die Kinder der vierten Klasse gründeten endlich eine gemeinsame Klassenmannschaft.
Ein Fußballspiel gegen die Havixbacher Kinder wurde schon bald vereinbart.
Cordula und Michael übernahmen das gemeinsame Training, und wenn sie allein waren, hielten sie Händchen, das hatte Tobi herausgefunden. Boxer Ben durfte mit dem alten Ball der rosa Teufel herumtoben.
Seit jenem denkwürdigen Spiel kann man auf

Billerbachs Straßen Tag für Tag zwei Jungen sehen, die haben grüne Strähnen im Haar: den Stürmer Uwe und den Torwart Tobi. Die beiden warten darauf, dass der Bundestrainer einmal nach Billerbach kommt und sie für die Fußballnationalmannschaft entdeckt.

Tobi
und die blauen Stürmer

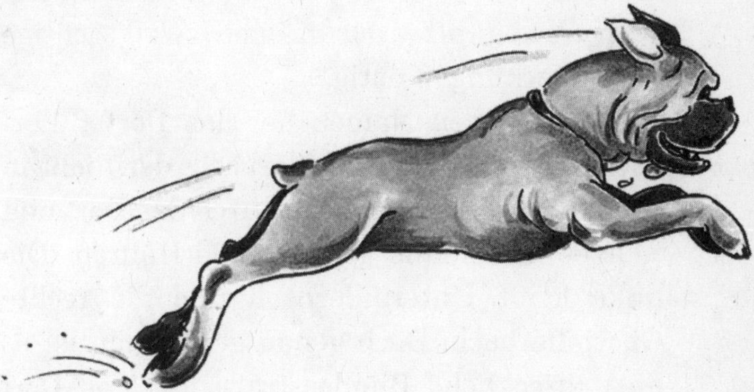

Als Tobi fast ein Held war

Diese Geschichte von Torwart Tobi und seinen fußballverrückten Freunden und Freundinnen handelt in Billerbach. Aber weil nicht jeder das Dorf Billerbach kennt und weil nicht jeder weiß, dass Tobi fast zu einem Helden wurde, als er mit seinen Eltern, seiner Schwester Cordula und dem Boxerhund Ben aus der großen Stadt in das schöne Fachwerkhaus in Billerbach umzog, also, darum sind zwei wichtige Vorbemerkungen nötig.

Erstens: Seinen Namen hat das Dorf Billerbach von dem breiten Billerbach, der fließt in südlicher Richtung mitten durch das Dorf und teilt es in beinahe gleich große Hälften. Die linke heißt Unterbillerbach und die rechte Oberbillerbach. Doch genau genommen ist es die schreckliche Bundesstraße, die das Dorf zerteilt. Direkt neben dem Billerbach verläuft sie. Da sausen und knattern und dröhnen und knurren schwere Stinkelaster, Personenwagen, Motorräder, Busse und Trecker und oft muss man lange am Straßenrand warten, wenn man die Bundesstraße überqueren will.

Und so bleiben die Unterbillerbacher meist auf ihrer Straßenseite und ihrer Dorfseite und die Oberbillerbacher auf ihrer Straßenseite und ihrer Dorfseite. Die Schule und die Kirche und das Rathaus: Die gibt es nur einmal in Billerbach. Alles andere gibt es doppelt, nämlich in Unterbillerbach und in Oberbillerbach: Wirtshäuser, Einkaufsläden, Sparkassen, Frittenbuden und Fußballplätze für die Kinder.

Zweitens: Seit Jahren gab es den Brauch, dass die Kinder aus Oberbillerbach und die Kinder aus Unterbillerbach gegeneinander Fußballspiele austrugen. Frau Lienenbeck, die Lehrerin der vierten Klasse, fand das ganz furchtbar. Wie sollte es zu einer guten Klassengemeinschaft kommen, wenn die Mädchen und Jungen aus Unterbillerbach und die Mädchen und Jungen aus Oberbillerbach sich gegenseitig wie Gegner behandelten! Immer wieder stiftete jemand von den Geschäftsleuten einen funkelnagelneuen Fußball und den durfte die siegreiche Mannschaft behalten. Doch ob auf dem kleinen Platz der Fußballspieler aus Oberbillerbach oder auf dem kleinen Platz der Fußballspieler aus Unterbillerbach gekickt wurde: Die Mannschaft aus Unterbillerbach gewann in der letzten Zeit jedes Spiel haushoch. Aber

dann kam Tobi nach Oberbillerbach. Tobi, die Torwartkatze! Da änderte sich alles. Das entscheidende Spiel ging unentschieden aus. Fast wäre Tobi sogar zum Helden ernannt worden, aber nur fast. Denn weil er trotz Cordulas Mahnung vor dem Spiel die halbe Vorratskammer und den ganzen Kühlschrank leer gefuttert hatte, wurde ihm schlecht und er ließ einen Kullerball ins Tor trudeln. Aber als die Unterbillerbacher schon jubelten, hielt Tobi zwei Sekunden vor Spielschluss einen Strafstoß von Uwe und rettete das Unentschieden.
Und dann griff Frau Lienenbeck ein. »Schluss

mit dem Unsinn!«, sagte sie. »Der neue Fußball gehört nun allen Spielerinnen und Spielern aus Billerbach gemeinsam. Bildet jetzt gefälligst auch eine gemeinsame Mannschaft, ihr Oberbillerbacher und Unterbillerbacher! Vielleicht könnt ihr dann gegen die Kinder aus Havixbach spielen. Die haben sogar einen richtig großen Fußballplatz.«
Die Idee gefiel allen. Eine große Mannschaft machen mit elf Spielerinnen und Spielern, das war doch was! Auf den kleinen Plätzen in Billerbach konnte man ja nur zu fünft eine Mannschaft bilden – wie beim Hallenfußball.

Und so wurden aus den einstigen Gegnern Mannschaftskameraden. Tobi, der Torwart der Oberbillerbacher, und Uwe, der beste Stürmer der Unterbillerbacher, waren bald sogar Freunde. Gemeinsam träumten sie davon, vom Bundestrainer für die Fußballnationalmannschaft entdeckt zu werden.
Aber Michael, der zum Trainer der Billerbacher Kindermannschaft ernannt wurde und der außerdem Uwes großer Bruder war, holte die beiden Träumer wieder von Wolke sieben herunter und erklärte ihnen: »Bildet euch mal bloß nichts ein, ihr Clowns! So tolle Fußballspieler seid ihr noch lange nicht. Ich hab die Havixbacher spielen sehen. Eine ganze Nummer sind die besser als die Billerbacher. Wenn ihr gegen die gewinnen wollt, müsst ihr noch mächtig trainieren. Ich garantiere euch: Ab jetzt wird eine Menge Schweiß fließen!«
Und Cordula, die das Konditionstraining der Mannschaft übernahm und die außerdem Tobis große Schwester war, fügte drohend hinzu: »Ihr seid alle noch viel zu steif in den Gelenken und offensichtlich völlig falsch ernährt. Da brauche ich mir ja nur den pummeligen Jonas und meinen verfressenen Bruder Tobi anzuschauen. Ab heute ist Gymnastik angesagt. Und wer bei der

Körperschulung nicht ernsthaft mitmacht und wer sich nicht an meinen Ernährungsfahrplan hält, der hat auch keine Chance, in die gemeinsame Billerbacher Mannschaft aufgenommen zu werden. Dass das mal klar ist!«

»Aber ich habe einen Mordsschuss!«, protestierte Jonas.
»Abwarten«, sagte Michael kühl. »Der Schuss allein macht noch keinen guten Fußballer. Mannschaftsdienlichkeit, darauf kommt´s vor allem an. Fußball ist ein Mannschaftsspiel und keine Einmannshow. Habe ich mich klar ausgedrückt?«
Jonas nickte zaghaft. Die anderen Spieler und Spielerinnen nickten auch.
Weil die Oberbillerbacher beim letzten Spiel gegen die Unterbillerbacher in rosafarbenen

Hemden und Pullis und T-Shirts angetreten waren und sich *Die rosa Teufel* genannt hatten, beschlossen Uwe und die anderen Kicker aus Unterbillerbach: Den Namen übernehmen wir für die gemeinsame Billerbacher Mannschaft. *Die rosa Teufel*: So heißen wir jetzt alle. Und rosafarbene Trikots besorgen wir uns auch.
Die lange Elisabeth erklärte großmütig: »Hellrot und Orange und Dunkelgelb, also, solche Farben gelten auch. Hauptsache, dass wir gemeinsam rosa wirken. Sonst passt der Name nämlich nicht.«
»Logisch«, sagte Fuzzi Ralf aus Unterbillerbach.
Stöpsel meldete sich. »Und unser Kampfruf, gilt der jetzt auch für die neue Mannschaft?«
»Kommt gar nicht in Frage!«, rief Michael. »Der ist doch viel zu schlapp.«
Da strengten alle Kinder die Köpfe an, begannen zu reimen und starke Sätze zu erfinden und es hörte sich an wie im Gänsestall. Es war ein schaurig-schönes Durcheinander.
»Ich hab´s!« Fuzzi Ralf streckte aufgeregt die Arme zum Himmel. »Ich hab den neuen Kampfruf gedichtet!«
»Dann lass mal hören!«, forderte Tobi.

»Ja, mach ihn mal vor!« Alle schauten erwartungsvoll auf Fuzzi Ralf.
Der holte tief Luft und schrie:

»Eins-zwei-drei-vier!
Superchampions, die sind wir!
Fünf-sechs-sieben-acht!
Alle werden platt gemacht!«

Uwe wiegte den Kopf. »Hört sich gar nicht mal so schlecht an. Ziemlich gefährlich jedenfalls. Von mir aus kann das der neue Kampfruf für unsere Mannschaft sein.« Er fragte die anderen: »Oder ist jemand dagegen?«
Niemand war dagegen. Beifälliges Gemurmel setzte ein. Das war wirklich ein gefährlicher Kampfruf! Fuzzi Ralf strahlte über das ganze Gesicht.
»Gut, dann lasst es uns mal alle gemeinsam ausprobieren«, schlug Cordula vor und hob die Hände zum Dirigieren.
Und alle Spielerinnen und Spieler der vierten Klasse schrien, so laut sie nur schreien konnten:

»Eins-zwei-drei-vier!
Superchampions, die sind wir!

Fünf-sechs-sieben-acht!
Alle werden platt gemacht!«

Da bebte sogar die Erde. Jedenfalls ein bisschen.

Stöpsel ist nicht Maradona

Das war ein lustiger Vormittag in der Schule! Frau Lienenbeck hatte eine Geschichte aus einem Buch vorgelesen, die handelte von lilafarbenen Leuten auf dem Wortverdreher-Stern, die alle Wörter verkehrt herum sagten. Und dann durften die Kinder die Erzählung weiterschreiben, jeder auf seine Weise. Da konnte man die Phantasie herrlich spielen lassen.

Noch ein bisschen aufgekratzt und albern, redeten und lachten Tobi, Elisabeth, Jonas, Rita, Pitter und Stöpsel durcheinander, als sie über die Sankt-Nepomuk-Brücke den Billerbach überquerten. Im Gänsemarsch schlenderten sie die Mühlenstraße hinauf.

»Ich bin ein Wortverdreher!«, rief Pitter. »Seht ihr, dass meine Haut ganz lila ist? Los, sagt mir: Was ist Gniddup?«

Tobi konnte da nur müde lächeln. »Na, was wohl, du Dlobztiw!«

»Ich hab Regnuh!«, kreischte Stöpsel.

Elisabeth mit der Krusselfrisur sagte plötzlich

in das Gekicher hinein: »Wer von uns kommt denn wohl in die neue Fußballmannschaft?«
Tobi war sich seiner Sache sicher. »Also, ich auf jeden Fall. Oder kennt ihr jemanden aus unserer Klasse, der so toll hechten und fausten kann wie ich? Ich halte meinen Kasten immer sauber, das solltet ihr ja wohl wissen. Die schärfsten Schüsse drehe ich locker um den Pfosten. Ich fange die Bälle sogar mit geschlossenen Augen. Ein Naturtalent, das bin ich.«
»Ein Angeber bist du!«, fauchte Jonas.
Tobi ballte die Fäuste. »Sag das nicht noch einmal, Dicker!«

Jonas ballte ebenfalls die Fäuste. »Und sag du nicht noch einmal Dicker zu mir!«
Rita stellte sich zwischen die beiden Kampfhähne. »Spinnt ihr? Müsst ihr Jungs euch immer wie die Kannibalen beharken? Ich glaube, ihr habt nur Matsche im Gehirn. Eure überschüssigen Kräfte solltet ihr lieber beim Training abreagieren.«
»Das hast du aber prima gesagt, Rita!« Stöpsel staunte.
»Er hat mich Dicker genannt!« Jonas zeigte auf Tobi.
»Er hat Angeber zu mir gesagt!« Tobi zeigte auf Jonas.
Elisabeth baute sich vor Tobi auf. »Manchmal bist du auch so richtig ein Angeber. Als ob du der einzige gute Torwart auf der ganzen Welt wärst, so spielst du dich auf. Der Mehmet aus Unterbillerbach, der kann auch super halten. Pass nur auf, der ist ´ne Riesenkonkurrenz für dich!«
Tobi versuchte überlegen zu lachen, doch es gelang ihm nicht richtig. Da spukte auf einmal ein äußerst ärgerlicher Gedanke in seinem Kopf herum. Sollte der Michael den Mehmet am Ende für den besseren Torwart halten? Tobi gab sich einen Ruck. Das wäre doch ein

Witz! Er sagte: »Wisst ihr, wie mich meine Mannschaftskameraden in der Stadt genannt haben?«

Da riefen Jonas und die anderen spöttisch im Chor: »Tobi, die Torwartkatze! Bääääh!«

Tobi schwieg beleidigt.

»Mich wird der Michael auf jeden Fall in der Mannschaft spielen lassen«, erklärte Elisabeth. »Kopfballspezialistinnen werden immer gebraucht. Außerdem bin ich große Klasse, was die Technik betrifft. Ballbehandlung und so.«

Pitter warf sich in die Brust. »Und gibt es einen härteren Verteidiger als mich? Was meine Steilpässe betrifft, also, die sind erste Sahne. Das müsst ihr zugeben.«

»Aber ich erst!« Jonas trat mit Wucht durch die Luft, als müsste er einen Volleyschuss aufs Tor abzischen lassen. »Ich kann mit dem linken Fuß genauso gut donnern wie mit dem rechten. Wer bringt das schon! Garantiert wird der Michael mich als Sturmspitze einsetzen.«

Auf diese Behauptung hatte Tobi nur gewartet. »Du und Sturmspitze? Da wiehert doch mein Bandwurm! Uwe wird natürlich als Sturmspitze spielen. Gegen den bist du doch bloß ein Würstchen. Wenn der Uwe Bundesligaformat hat, dann bist du jedenfalls Kreisklasse. Nee,

Jonas, mach dir mal nix vor. Die Sache mit der Sturmspitze kannst du dir abschminken.«
Selbstverständlich ließ Jonas das nicht auf sich sitzen. »Ich bin viel dy. . . dy. . . dy. . . « Dann fand er das richtige Wort: »Dynamischer! So heißt das. Ich bin viel dynamischer als der Uwe. Und was meine Schüsse betrifft . . .«
Tobi unterbrach ihn.
»Uwe kann zehnmal besser schießen als du. Ich muss das ja wohl wissen. Ich hab ja schon mal einen unheimlich wuchtigen Strafstoß von Uwe abgewehrt.«
Jetzt geriet Jonas so richtig in Fahrt. »Wenn du einen Strafstoß vom Uwe abgewehrt hast, dann kann der ja wohl so unheimlich wuchtig nicht gewesen sein«, höhnte er. »Gegen meine Strafstöße würdest du ganz alt aussehen, da hättest du keine Chance. Wollen wir wetten, dass ich Sturmspitze sein werde?«
Tobi grinste und gab sich alle Mühe, dass es auch schön kühl und überlegen wirkte. »Träum schön weiter, Jonas! Zum Glück stellst du ja nicht die Mannschaft auf. Unser Trainer kann einen prima Stürmer von einem Großmaul garantiert unterscheiden.«
Rita wurde zornig. »Hört schon auf zu quatschen! Ich hab den Eindruck, es gibt hier außer

Tobi noch ein paar andere Angeber.« Sie selber hatte keine große Hoffnung, in die Klassenmannschaft aufgenommen zu werden. Gewiss, sie war geschmeidig und konnte auch schnell rennen, aber weil sie ziemlich dünn war, zog sie manchmal den Fuß weg, wenn die Bolzer unbeherrscht zutraten. Oft wurde sie von den anderen Spielern Kneifzange genannt. Aber sie liebte nun einmal das elegante Spiel und hass-

te die verbissenen Zweikämpfe und das raue Einsteigen mancher Spieler. Das Wort war doch Fußball*spiel*. Musste ein Spiel denn nicht vor allem Freude bereiten? Rita schlug sich auf ihre dünnen Schenkel, die in der regenbogenfarbenen Radfahrerhose wirklich ein wenig wie Spargelstangen wirkten, und fragte: »Wollen wir nicht mal über was anderes reden? Die Welt besteht ja nicht nur aus Fußball.«
Aber Stöpsel wollte seinen Kummer unbedingt noch loswerden. »Mich stellt der Michael bestimmt nicht auf. Als ob ich was dazu könnte, dass ich der Kleinste bin!« Seine Stimme hörte sich sehr traurig an.
Elisabeth versuchte zu trösten. »Beim Fußball kommt´s doch nicht auf die Länge an. Der Maradona aus Argentinien, der war mal der beste Fußballspieler der ganzen Welt. Mit Abstand! Und der ist kaum größer als du.«
Tobi nickte. »Außerdem kannst du noch jede Menge wachsen. Ich schätze, so groß wie der Maradona bist du in zwei, drei Monaten auch.«
»Ich bin aber nicht der Maradona!«, rief Stöpsel jämmerlich aus. »Und lügt mir nichts vor! Ich weiß doch selber, dass ich nicht so besonders gut spielen kann.«

Pitter legte ihm die Hand auf die Schulter. »Nun mach dir mal nicht gleich in die Hose, Stöpsel! Gute Ersatzspieler sind für eine Mannschaft so wichtig wie die Stammspieler. Kann doch sein, dass einer wegen ´ner Verletzung ausfällt. Meniskus oder Durchfall oder Ziegenpeter. Was weiß ich! Oder wegen Formschwäche. Und Ersatzspieler wirst du auf jeden Fall.«
»Meinst du das im Ernst?« Stöpsel konnte schon wieder ein wenig lächeln. »Oder schwindelst du mir was vor?«
Pitter hob die Hand zum Schwur. »Mein heiliger Ernst!«
Sie hatten inzwischen das Rondell mit den Rhododendronsträuchern erreicht. Von hier zweigten die Sträßchen und Wege in die neue Wohnsiedlung ab.
»Wir sehen uns ja heut Abend beim Training!«, rief Elisabeth und trabte davon.
»Bis heute Abend!«, antworteten die anderen.
Jonas flüsterte Tobi zu: »Und der Mehmet ist doch ein besserer Torwart als du.« Bevor Tobi etwas sagen konnte, hüpfte Jonas in den schmalen Tulpenweg hinein.
Tobi wohnte im schönen Fachwerkhaus am Ende der Mühlenstraße. Wie üblich kam Boxer

Ben aus der Haustür geschossen, um Tobi überschwänglich zu begrüßen. Aber statt der großen Schmuserei hatte Tobi an diesem Mittag nur ein paar Klapse für den Hund übrig. Ben kläffte enttäuscht. Was hatte das zu bedeuten?

»Der Jonas ist ein Doofmann!«, knurrte Tobi. Es gab Pfannkuchen mit Spinat. Davon futterte Tobi gewöhnlich ein ganzes Dutzend, doch heute legte er nach drei Pfannkuchen die Gabel hin.
»Du bist doch nicht etwa krank?«, fragte die Mutter besorgt.
»Ich bin sauer«, murmelte Tobi.
»Willst du darüber reden?«
Tobi schüttelte den Kopf.

»Aber du hilfst mir trotzdem heute Nachmittag ein bisschen im Garten, Tobias.« Wenn die Mutter ihren Sohn Tobias nannte, meinte sie es ernst.
»Ich muss erst ein bisschen nachdenken, Thea Bosse«, entgegnete Tobi. Wenn er die Mutter Thea Bosse nannte, meinte Tobi es auch ernst.
Später lag Tobi in seinem Zimmer auf dem Bett und starrte zur Decke. Ben leckte ihm das Gesicht ab. Tobi hatte einen schrecklichen Wachtraum: Er hütete das Tor der Nationalmannschaft. Da kam plötzlich ein Ball geflogen. Doch Tobis Füße klebten am Boden fest. Er konnte nicht springen. Der Ball landete im Netz. Und auf den Rängen brüllten die Zuschauer: »Tobi raus! Tobi raus!«

Kein Platz für Knochentreter

Tobias, wo bleibst du denn?«, gellte da plötzlich eine Stimme. »Wolltest du mir nicht im Garten helfen?«

Tobi fuhr hoch und rieb sich die Augen. Hab ich etwa geschlafen?, dachte er. Ich wollte doch nur ein bisschen nachdenken! Verwirrt schwenkte er die Beine aus dem Bett. Ben hatte sich längst aus dem Staube gemacht. Irgendetwas Dummes muss ich geträumt haben, sagte Tobi sich, sonst würde ich nicht so ein komisches Gefühl im Bauch haben.

»Tobias!« Wieder rief die Mutter aus der Küche. »Nun komm endlich runter! Die Johannisbeeren müssen gepflückt werden.«

»Ist ja schon gut!«, maulte Tobi.

Es machte ihm wirklich wenig Spaß, Johannisbeeren zu pflücken. Erstens nahm und nahm diese endlose Pflückerei kein Ende und zweitens zerkratzte er sich an den kratzigen Büschen immer die Arme. Doch als er an diesem Nachmittag zwischen den Sträuchern stand, gab es eine Überraschung.

Jonas stand nämlich plötzlich da.
Ben sprang an ihm hoch und kriegte sich vor Freude kaum noch ein. Wie fast alle Hunde liebte er es sehr, wenn sich Besuch einstellte. Mit Kindern verstand sich Boxer Ben besonders gut.
»Tag, Frau Bosse!«, rief Jonas Tobis Mutter zu. Dann verdrehte er ein bisschen die Augen und sagte zu Tobi: »Hör mal, also, wegen vorhin, ich meine . . .« Sichtlich verlegen trippelte er von einem Fuß auf den anderen. »Also, was ich da gesagt hab, das war blöd. Ich hab´s nicht böse gemeint. Du bist wirklich ein guter Torwart. Wollen wir uns wieder vertragen?«
»Logo«, antwortete Tobi und grinste erleichtert, »vergessen wir die Sache. Willst du mich zum Training abholen? Du, die Cordula ist noch gar nicht von der Arbeit nach Hause gekommen. Es ist noch zu früh, zum Platz raufzugehen.« Tobi zeigte auf das leere Eimerchen. »Aber du kannst mir ein bisschen beim Johannisbeerenpflücken helfen.« Und als er Jonas´ gequälten Blick sah, fügte er rasch hinzu: »Das ist übrigens noch gar nicht raus, dass der Uwe ein besserer Stürmer ist als du. Könnte sein, dass du mindestens so gut bist.«
Das ging Jonas natürlich runter wie Honig, er

strahlte wie eine Flutlichtanlage und war sofort bereit Tobi beim Pflücken zu helfen. Das artete sogar in eine Art Wettkampf aus. Frau Bosse konnte da nur staunen. Schon bald war das Eimerchen voll, doch die beiden Jungen gaben nicht auf und füllten auch noch die große Blechschüssel.

Erst als Cordula am Gartentor erschien, beendeten Tobi und Jonas ihre Weltrekordarbeit und folgten Cordula in die Küche. Tobis Schwester arbeitete als Verkäuferin im Sportartikelgeschäft Ellermeier & Popp und morgens fuhr sie zusammen mit Vater Bosse im Auto in die große Stadt und abends kam sie mit ihm zurück. Bodo Bosse war Inspektor beim Wasserwerk.

Während Tobis Mutter für ihren Mann Bratkartoffeln und Schweineschnitzel briet, mischte Cordula sich ihren Rohkostsalat und belegte ein paar Vollkornschnitten mit Tomaten- und Rettichscheiben. Sie trank Früchtetee, Vater Bosse schlürfte gierig am Bierkrug.
Beinahe entsetzt starrten die beiden Jungen auf Cordulas Abendessen. Grünzeug! So etwas konnte doch nicht schmecken. Und für Fußballspieler war solch eine Mahlzeit doch wohl eher eine Lachnummer. Jedenfalls dachten Jonas und Tobi das, als sie sich mit verhaltenem Grinsen zublinzelten.
»Schlangenfraß!«, flüsterte Jonas.
Tobi schüttelte den Kopf. »Noch schlimmer! Kaninchenfutter.«
Hatte Cordula verstanden, was die Jungen sich zuraunten? Sie warf Jonas und Tobi Blicke zu, die signalisierten: Wartet´s nur ab, euch wird das Grinsen noch vergehen!
Als Cordula ihre leichte Mahlzeit beendet hatte, huschte sie zu ihrem Zimmer hinauf und stand Minuten später im pinkfarbenen Jogginganzug in der Diele. »Worauf wartet ihr noch?«, fragte sie Jonas und ihren Bruder. »Zeit für das Training!«
Und so trabten Cordula, Tobi und Jonas zum

kleinen Sportplatz der Oberbillerbacher hinauf, umhüpft und umbellt von Boxer Ben, der offenbar auf spannende Spielereien mit dem Ball hoffte. Ben war geradezu süchtig nach Bällen jeglicher Art.
Doch Ben wurde genauso enttäuscht wie all die Jungen und Mädchen, die bereits am Waldrand warteten. Cordula und Michael hatten sich nämlich darauf geeinigt, dass das Konditionstraining ganz ohne Fußball stattfinden sollte. Gymnastik war angesagt, Körperschulung, Lauf-, Lockerungs- und Dehnungsübungen. Trainerin Cordula wollte dafür sorgen, dass die ganze Truppe geschmeidig und unverkrampft die Trainingseinheiten mit Michael begann. Michael, der selber im Verein Fußball spielte, hatte sich vorgenommen die Jungen und Mädchen aus Oberbillerbach und aus Unterbillerbach zu einer erstklassigen Mannschaft zusammenzufügen. Da war es wichtig, dass alle auch gut in Form waren.
Klar, die siebzehn Kinder, die sich an diesem späten Nachmittag in ihrem Sportdress um die Konditionstrainerin geschart hatten, wollten eigentlich lieber dem Ball nachjagen. Sie sahen aber ein, dass eine gute Vorbereitung dringend nötig war, wenn sie gegen die Fußballer aus

Havixbach bestehen wollten. Und auch das war abgemacht: Wer sich nicht an die Anweisungen der beiden Trainer hielt, hatte keine Chance, aufgestellt zu werden. Also murrten sie nur leise, als sie Cordula bei den Intervall-Läufen durch das Wäldchen folgten.

»Locker und leicht müsst ihr euch bewegen!«, rief Cordula. »Immer elastisch bleiben! An eurer Schnelligkeit müssen wir noch mächtig arbeiten, das sehe ich schon. Die meisten von euch bewegen sich so steif wie Bohnenstangen. Hopp, macht mir alles genau nach!«

Erst ein bisschen zögernd, dann aber mit immer mehr Vergnügen, legten sich Elisabeth, Mehmet, Trude, Fuzzi Ralf, Rita, Uwe und all die anderen ins Zeug, ließen die Arme kreisen und die Schultern rollen, dehnten die Beine im Spagat und streckten sich, als wollten sie nach den Wolken greifen. Cordula musste die Übereifrigen sogar ein wenig bremsen, denn das Training sollte ja spielerisch leicht sein und niemand sollte sich überanstrengen. Allmählich erkannten die Mädchen und Jungen, worauf es bei diesen Übungen vor allem ankam. Und so hüpften sie leichtfüßig aus dem Stand, schlenkerten die Verkrampfungen aus Armen und Beinen und hatten ihren Spaß beim

Schubkarrefahren und Butterwiegen mit wechselnden Partnerinnen und Partnern. Nur Ben verstand das alles nicht und wetzte hechelnd zwischen den Kindern umher.

Dann forderte Cordula die Gruppe auf sich am Rande des kleinen Platzes gemütlich hinzulegen. Tobi ahnte, was jetzt an der Reihe war, und schloss entsagungsvoll die Augen.

»Reden wir mal über eure Ernährung!«, begann Cordula ihr Lieblingsthema. »Wie ich festgestellt habe, sind ein paar von euch entschieden zu fett.«

»Ich aber nicht!«, kreischte Mehmet.

»Dich hab ich auch nicht gemeint.« Cordula ließ

den Blick zum Ginsterbusch wandern, unter dem Tobi und Jonas sich ausgestreckt hatten. Auch Fuzzi Ralf und Trude schaute sie streng an.
»Ich bin höchstens zu dünn!«, rief Rita.
»Ich auch!«, schloss Elisabeth sich an und sprang aus dem Schneidersitz in die Höhe. Sie war wirklich sehr lang und sehr dünn.
»Ich bin genau richtig!«, behauptete Uwe.
Tobi wollte zuerst rufen: Angeber! Doch das Wort verschluckte er wieder. Gerade er musste mit solch einem Wort vorsichtig sein. Und voll Neid musste Tobi zugeben, dass Uwe tatsächlich nicht zu dünn und nicht zu dick war, schneller laufen und höher springen konnte als die anderen aus der Mannschaft und wahrscheinlich der beste Spieler von allen war. Aber Tobi tröstete sich. Er dachte: Der beste Feldspieler! Ich bin ja Torwart. Was der Uwe als Stürmer kann, das kann ich dreimal als Torwart.
Jonas protestierte. »Zum Toreschießen muss man kräftig sein, sonst haben die Knaller doch gar keine richtige Wucht!«
»Kräftig und dick, das ist zweierlei«, erklärte Cordula, »und außerdem besteht ein Fußballspiel nicht nur aus Knallern.«

»Genau!« Das fand auch Uwe. »Kombinieren und so, Vorlagen geben und sich freilaufen und Doppelpass spielen und in der eigenen Verteidigung aushelfen – ha, da kommt´s schon verdammt auf die Kondition an!«
Und so hörten alle zu, als Cordula ihren Vortrag über die richtige Ernährung hielt, von den Vorzügen des Vollkornbrotes und der

Rohkost erzählte und das Übermaß an Süßigkeiten und fetter Wurst und triefenden Pommes frites verteufelte. Sie redete von Kohlenhydraten und Eiweißstoffen und Ernährungsschäden bei Kindern, und Tobi, der das alles schon tausendmal gehört hatte, schlief selig ein. Erst als Cordula zum Trainingsschluss den Kampfruf anstimmte und Ben sich auf Tobis Bauch setzte, um den Schläfer zu wecken, öffnete Torwartkatze Tobi die Augen wieder.

Das Spieltraining am übernächsten Nachmittag fand auf dem kleinen Platz der Unterbillerbacher statt, doch diesmal musste der Boxerhund zu Hause bleiben, da konnte er noch so erbarmungswürdig jammern. Eine Menge Kinder und dazu ein Fußball: So etwas machte den Hund geradezu närrisch.

Michael im dunkelgrünen Trainingsanzug ließ die Mannschaft nach einem kurzen Auflockerungslauf im Kreis Aufstellung nehmen. Tobi war mit seinen Gedanken beim vergangenen Spiel gegen die Unterbillerbacher, als er mit einer tollen Parade den Strafstoß von Uwe abgewehrt und damit das sensationelle Unentschieden gerettet hatte. War nicht genau dieses Unentschieden der Grund dafür, dass nun endlich die Oberbillerbacher und die Unterbillerbacher eine gemeinsame Klassenmannschaft bildeten? Michaels laute Stimme schreckte Tobi auf.

»Die von euch, die bisher vor allem in der Verteidigung gespielt haben, gehen mal auf die rechte Seite des Platzes!«, forderte Michael und zeigte mit dem Arm auf die Südseite. »Die Mittelfeldspieler und Stürmer begeben sich

bitte zur anderen Seite. Ich möchte verschiedene Angriffs- und Hintermannschaftspositionen ausprobieren.«
Während sich die Mädchen und Jungen zu den passenden Platzhälften bewegten, blieben Mehmet und Tobi beim Mittelkreis stehen.
»Was ist mit den Torleuten?«, wollte Tobi wissen.
»Ihr habt erst mal Pause«, entschied Michael.
Michael experimentierte mit den unterschiedlichsten Formationen. Er kannte ja die Spieler aus Oberbillerbach noch nicht richtig. Anerkennend nickte er, als bei einem Probespielchen Elisabeth sehr geschickt Uwe und Fuzzi Ralf mit Steilpässen in erstklassige Schusspositionen brachte und selber rasch aufrückte, wenn Flanken von außen geschlagen wurden. Sie war bekannt für ihre genauen Kopfstöße. Abwechselnd durften dann Tobi und Mehmet ins Tor, um die eine oder andere Verteidigungskette zu unterstützen. Immer wieder andere Spieler mussten auf den unterschiedlichen Positionen ihr Können beweisen.
Pitter strengte sich ganz besonders an. Er wollte Michael zeigen, dass er als Außenverteidiger ein Ass war. Als Rita auf ihn zustürmte, säbelte er ihr ziemlich brutal die Beine unter dem

Körper weg, obwohl sie den Ball längst abgespielt hatte. Rita weinte vor Schmerz.
Da brüllte Michael zornig: »Hast du ´ne Macke, Pitter? Hier wird nicht Fußball gekloppt, bei uns wird Fußball gespielt! Für Knochentreter ist kein Platz in der Mannschaft. Schreib dir das hinter deine Segelohren!«
»Aber Härte ist doch wichtig für einen guten Verteidiger«, sagte Pitter kleinlaut, »und ich

will mir ja auch einen Stammplatz in unserer Mannschaft erkämpfen.«

Michael rief laut: »Jetzt spitzt mal alle die Ohren! Härte und Brutalität, das sind zwei Paar Schuhe. Wir spielen aus Spaß an der Freude. Nehmt euch nicht die Klopper aus der Bundesliga als Vorbild, denen geht´s sowieso vor allem um die Piepen. Fair geht vor! Ihr kennt den Satz, also haltet euch daran! Und um eins von vornherein klarzustellen: Niemand muss sich einen Stammplatz erkämpfen, denn es gibt keine Stammplätze. Jeder, der bei uns mitmachen will und fleißig ist beim Training, gehört zur Mannschaft und darf selbstverständlich auch spielen. Es wird immer gewechselt, alle kommen zum Einsatz. Ich muss nur erst rauskriegen, wer auf welchem Posten seine beste Leistung bringt. Aber vergesst nicht: Eifer und Einsatz sind prima, Rücksichtslosigkeit ist Mist!«

Pitter hatte einen knallroten Kopf, Rita und Trude strahlten erleichtert – und Stöpsel grinste wie ein Honigkuchenpferd. Das waren herrliche Aussichten.

Michael fragte Jonas: »Du hast bis jetzt immer Sturmspitze gespielt, ja?«

Jonas warf sich in die Brust. »Logo! Was denn sonst?«
»Ich will´s mit dir als Libero mal versuchen.«
Bevor Jonas protestieren konnte, erklärte Michael: »Ich hab gesehen, dass du mit links und mit rechts schießen kannst. Das hat man nicht oft. Für einen Libero ist das ideal.«
Dieses Lob war für Jonas wie eine Weihnachtsbescherung!

Torwartkatze und Fliegender Fisch

Sie trainierten noch länger als eine Stunde und kamen gewaltig ins Schwitzen. Weil der Platz in Unterbillerbach ja nur so groß war wie eine Turnhalle und weil sie sich auf ein Spiel auf dem Platz einer richtigen Fußballmannschaft mit elf Spielern vorbereiten mussten, hatten sie aus aufgeschichteten Steinen ein Ersatztor an der Seitenlinie aufgebaut. So konnten sie die Länge des Platzes einfach als Breite nutzen, denn sie hatten ja nicht zwei Mannschaften gebildet, die gegeneinander spielten. Es waren immer nur verschiedene Angriffsreihen, die Michael gegen unterschiedliche Hintermannschaften anstürmen ließ.
Der dunkelhäutige Bogdan erwies sich als pfeilschneller Außenstürmer, Elisabeth versorgte Mittelstürmer Uwe mit haargenauen Vorlagen, Jonas organisierte als Libero umsichtig die Verteidigungskette und fand sich in seiner neuen Rolle prächtig zurecht. Michael lobte und tadelte. Als Fuzzi Ralf sich zu ballverliebt restlos verdribbelte, tauschte der Trai-

ner ihn erst einmal aus. Als der leichtgewichtige Stöpsel den Verteidiger Pitter geschickt tunnelte und danach Trude mit einer halbhohen Flanke mustergültig bediente, heimste er ein dickes Lob ein. Die sonst so geschickte Rita stolperte einmal über die eigenen Beine und ratschte sich auf der rauhen Asche den Ellenbogen auf, doch diesmal heulte sie nicht.
Sie übten Standardsituationen: Eckbälle, Einwürfe und Freistöße. An der Technik einiger Spielerinnen und Spieler hatte Michael eine Menge auszusetzen, und als Gerti sich bei der Ballannahme zu ungelenkig anstellte und das Leder nicht richtig stoppen konnte, schimpfte der Trainer wie ein Rohrspatz.

Immer wieder rief Michael: »Nehmt die Nasen hoch, wenn ihr den Ball führt! Ihr müsst den Blick frei haben, sonst seht ihr die freigelaufenen Mitspieler nicht! Und tragt die Angriffe nicht immer so stur durch die Mitte vor! Uwe, auch mal auf die Flügel ausweichen! Pitter, du musst an deinem Gegenspieler kleben, auch wenn er sich zurückfallen lässt!«
Wirklich, da war noch eine Menge Trainingsfleiß nötig, bis die Oberbillerbacher und die Unterbillerbacher zu einer richtigen Mannschaft zusammenwüchsen. Doch das muss gesagt werden: Alle im Team gaben sich große Mühe.
Das galt vor allem für die beiden Torleute!
Tobi, die Torwartkatze, erfuhr nun, dass auch Mehmet einen Spitznamen hatte, den er stolz wie einen Indianernamen führte: Fliegender Fisch. Und immer dann, wenn er Tobi im Tor ablösen durfte, zeigte er, dass er diesen Namen zu Recht hatte. Seine Reflexe erwiesen sich als unheimlich gut. Voll Anerkennung und Neid staunte Tobi, wenn Mehmet Flachschüsse aus den Ecken fischte und unter sich begrub. Wie Magnete schienen seine Hände die Bälle anzuziehen. Auch im Hinauslaufen und beim Wegfausten angeschnittener Eckbälle zeigte Mehmet sich als Meister.

»Sehr gut, Mehmet!«, lobte Michael einmal, als Mehmet einen Kopfball von Elisabeth, den er nicht mehr fangen konnte, mit den Fingerspitzen zur Seite lenkte. »Niemals den Ball nach vorn abtropfen lassen. Da hauen die gegnerischen Stürmer ihn dir sofort in den Kasten. Und jetzt ist Tobi wieder an der Reihe.«
Tobi zog sich die Torwartmütze in die Stirn, weil die Sonnenstrahlen ihn blendeten. Nun wollte er klarstellen, wer hier der Torwart Nummer eins war. Als Uwe einen Flankenball direkt verwandeln wollte, warf er sich tollkühn in den Schuss. Das sollte ihm erst einmal der Mehmet nachmachen!
Drei, vier wuchtige Schüsse wehrte Torwart Tobi gekonnt ab. Im Hechtsprung fing er den verdeckten Außenristschuss von Elisabeth, der höllisch angeschnitten war. Als Pitter aus der zweiten Reihe kraftvoll abzog, stieg Tobi hoch und holte sich den Ball sicher herunter. Doch damit jeder sehen konnte, wie großartig er das gemacht hatte, überkugelte er sich noch zusätzlich mit dem Ball in den Händen. Innerlich klopfte er sich danach selber auf die Schulter. Ob der Mehmet wohl solch eine herrliche Parade hinkriegen würde?, fragte er sich und gab sich gleich die Antwort: Niemals!

Tobi wollte es aber auch vom Trainer hören. Das Übungsspiel der Angriffsreihen gegen die Verteidigungen war zu Ende, die Entspannungsrunde um den Platz hatte die Spielerinnen und Spieler beruhigt und nun machten sich alle auf den Heimweg. Michael hatte verkündet, diese Trainingseinheit habe ihm wichtige Erkenntnisse vermittelt. So etwas hörte sich richtig professionell an.
Doch nun fragte Tobi seinen Trainer: »Wer ist denn der bessere Torwart? Mehmet oder ich?«
Michael tippte Tobi auf die Nasenspitze. »Woher soll ich denn das wissen? Bei einem richtigen Match habe ich euch zwei doch noch gar nicht erlebt. Mancher Torwart ist Weltmeister

beim Training, doch im ernsthaften Spiel macht er sich in die Hose.«

»Das könnte mir nie passieren«, erklärte Tobi selbstbewusst, »ich bin eiskalt beim Spiel. Nervenflattern und so, also, das kenne ich überhaupt nicht.« Und noch einmal wollte er wissen: »War der Mehmet besser oder war ich besser?«

Michael stopfte den Ball in seine Segeltuchtasche und kämmte sich das verschwitzte Haar. »Ich hab den Eindruck, dass ihr beide eure Sache ganz gut gemacht habt. Da ist noch einiges zu verbessern, klar, doch für den Anfang war´s schon ganz ordentlich. Ich schätze, ihr könnt beide ziemlich gut halten. Aber das kann man von einem Torwart ja auch erwarten.«

Tobi sackte innerlich in die Knie. Er hatte ein dickes Lob erwartet, doch nun stellte Michael seine Leistung als etwas ganz und gar Normales hin. War das nicht ungerecht? Also trieb Tobi es auf die Spitze und fragte geradeheraus: »Ich möchte wissen, wer von uns beiden der Torwart ist und wer der Ersatztorwart.«

Nun war Michael reichlich sauer. »Hab ich nicht deutlich erklärt, dass es in unserer Mannschaft keine Stammspieler geben wird?

Alle dürfen mitmachen. Mal spielt der eine, mal der andere. Wir wechseln. Mit euch Torleuten machen wir´s selbstverständlich genauso. Aber wenn du mir schon mal auf den Keks gehst mit deiner Fragerei, Tobi, dann kann ich dir auch mal direkt auf den Kopf zu sagen, was mir an deiner Art nicht gefällt.«
»Da bin ich aber neugierig«, meinte Tobi patzig.
»Du bist ein Angeber. Wenn du einen Ball locker halten kannst, dann brauchst du nicht anschließend noch ´ne Schau abzuziehen und dich am Boden zu wälzen, als hättest du Wunder was für ´ne Heldentat vollbracht. Du bist scharf darauf, vor den anderen zu glänzen. Das ist unfair den Mitspielern gegenüber. Fußball ist eine Mannschaftssportart. Man gewinnt gemeinsam und verliert gemeinsam. Also spiel in Zukunft etwas mannschaftsdienlicher. Haben wir uns verstanden?«
Tobi nickte nur. Ihm war ganz komisch im Bauch. So hatte ihn noch niemand zurechtgestutzt. Er riss sich die Torwartmütze vom Kopf und trottete den Wiesenweg hinunter. Bis nach Hause hatte er es ja nicht weit. Vor ihm liefen Rita, Stöpsel und Pitter, doch Tobi blieb hinter ihnen, als gehörte er nicht dazu. Er sah auch Trude, Bogdan und Mehmet, die eifrig schwad-

ronierten. Fliegender Fisch! Wie kann man sich nur solch einen angeberischen Namen geben!, überlegte Tobi. Und was war mit Torwartkatze?

Bodo Bosse hockte vor dem Fernsehgerät, als Tobi nach Hause kam. »Na, wie war´s beim Fußball?«, fragte er seinen Sohn.

»Ging so«, antwortete Tobi. »Ich hab jetzt erst mal mordsmäßigen Hunger. Bratwürste und Kartoffeln verschlinge ich jetzt.« Doch da sah er Cordula im Sessel sitzen. »Vielleicht esse ich auch nur ein bisschen Tomatensalat mit Schafkäse«, sagte er schnell. Das fehlte noch, dass er sich von der Konditionstrainerin auch noch einen Rüffel einhandelte!

Boxer Ben hatte Tobis Stimme vernommen und kam von seiner Schlafmatte in der Küche gesaust. Ben sprang fröhlich wie ein Schneekönig an Tobi hoch und schien es gar nicht zu merken, dass Tobis Laune sich ungefähr auf dem Gefrierpunkt befand.

»Hausarbeiten muss ich auch noch machen«, knurrte Tobi.

»Dann mach sie!«, rief Thea Bosse. Sie schnippelte mit der Schere an den Geranien auf der Fensterbank herum. »Aber vorher gehst du mal unter die Dusche, Tobi!« Tobi schlich aber zuerst einmal in die Küche und machte sich über die kalten Schnitzel her, die er im Kühlschrank gefunden hatte. Er entdeckte auch noch eine Dose Ölsardinen, zwei Stücke Kirschkuchen und ein paar Hähnchenschenkel. Für den Anfang war das schon ganz schön und Cordula konnte die Schlemmerei ja nicht sehen. Ben bekam seinen Anteil und wurde so zum Schweigen gebracht. Nun sah das Leben schon wieder viel freundlicher aus. An die Hausaufgaben dachte Tobi nicht mehr.

Als er unter der Dusche stand und das wohlige Prickeln des warmen Wassers auf seiner Haut genoss, spannte er plötzlich die Muskeln an, knirschte laut mit den Zähnen, ballte die Fäuste und stieß einen Kraftschrei aus. »Huaaah!

Ich werde es allen beweisen, dass ich der beste Torwart der Welt bin!«
Boxer Ben unterstützte den Schreier Tobi mit herzerweichendem Gebell. Er konnte es nämlich nicht leiden, dass jemand lauter war als er.

Ballzauberer Ben

Langweilig war es in der Schule gewesen. Frau Lienenbeck hatte außerdem heftig geschimpft, weil einige Mädchen und Jungen beim Multiplizieren und Dividieren nicht richtig bei der Sache waren und fürchterliche Ergebnisse herausbekommen hatten. Wenn achtzehn Maurer für eine dreiundzwanzig Meter lange Mauer sieben Stunden und zehn Minuten brauchen, wie lange brauchen dann zwei Maurer? Pitter hatte ausgerechnet: Vier Monate, drei Wochen, einen Tag und elf Stunden. Außer Frau Lienenbeck hatten alle gelacht. Aber Spaß hatte die anstrengende Rechnerei niemandem gemacht.

Tobi hockte nun am Mittagstisch und verputzte den zweiten Teller Durcheinandergemüse mit Knackwürstchen. Mit vollem Mund erklärte er seiner Mutter: »Solche Textaufgaben sind völlig bescheuert. Wenn die zwei Maurer mauern, dann weiß man doch überhaupt nicht, ob sie im gleichen Tempo arbeiten wie die achtzehn Maurer. Vielleicht haben sie gar keine

Lust und machen ganz langsam und trödelig. Oder sie wollen rasch fertig sein und hauen mächtig rein. Und außerdem: Wen interessiert das schon? Dass man sich in der Schule mit solchem Pipifax abkrücken muss! Ich würde lieber mal was von tollkühnen Seefahrern und Entdeckern und so lernen.«
»Das kommt bestimmt auch noch dran«, tröstete Thea Bosse. »Hast du Lust, etwas über Unkrautzupfen und Beeteharken zu lernen? In unserem Garten sieht´s ziemlich schlimm aus.«
Bloß das nicht!, dachte Tobi. Doch während er noch fieberhaft über eine Ausrede nachdachte, klingelte das Telefon. Zusammen mit Ben, der beim Telefonklingeln immer einen Rappel bekam, stürzte Tobi zum Apparat. »Hier Tobi Bosse!«
Uwe war am anderen Ende der Leitung. »Mensch, Tobi, hast du Lust, mit nach Havixbach zu radeln? Ich hab gerade erfahren, dass unsere Gegner heute Nachmittag ihr Training haben. Die könnten wir doch mal ausspionieren. Was die draufhaben. Und ob die wirklich so stark sind, wie der Michael behauptet. Na, was ist?«
»Ich weiß nicht, ob unsere Squaw mich weg-

lässt«, flüsterte Tobi. »Die will mich mit Gartenarbeit foltern.«
»Trick achtzehn!« Uwe kicherte. »Sag ihr, wir hätten uns bei mir zum Hausaufgabenmachen verabredet. Wenn Mütter was von Hausaufgaben hören, werden sie butterweich. Glaub einem alten Experten. Alle Mütter halten Hausaufgaben für wichtig.«
»Alles klar«, sagte Tobi, »ich will´s versuchen. Wenn es hinhaut, bin ich in ´ner halben Stunde bei dir.«
Zwar guckte Mutter Thea ein bisschen ungläubig, als Tobi voll Eifer erklärte, er müsse dringend mit Uwe ungeheuer komplizierte Rechenaufgaben lösen, die ein Einzelner gar nicht schaffen könne. Tobi machte nämlich einen verdächtig fröhlichen Eindruck bei seinen Erklärungen. Aber dann wurde sie doch weich – genau wie Uwe es vorausgesagt hatte. »Also schön. Hausaufgaben gehen vor. Dann hilfst du mir eben morgen im Garten.«
Schon sauste Tobi zur Haustür. Ben blieb ihm natürlich auf den Fersen, denn er wollte wie üblich mit.
»He, Tobi!«, rief die Mutter. »Du musst doch deine Schultasche mitnehmen!«
»Puh!« Tobi bremste so plötzlich, dass Ben zwi-

schen seine Beine geriet, und dann kugelten sie beide durch die Diele. »Die hätte ich doch fast vergessen, die Schultasche.«
Boxer Ben und die Schultasche wurden auf den Anhänger gepackt. Ja, Tobi besaß einen richtigen Anhänger für sein Fahrrad. Vater Bodo hatte eine Art Hundehütte gebastelt und auf dem Anhängergestell festgeschraubt. Und in dieser Anhängerhütte machte Ben ganz stolz die rasenden Fahrten durch die Umgebung mit. Nur sein Kopf schaute vorn aus dem Einstiegsloch.
Tobi schwang sich auf den Sattel und düste die Mühlenstraße hinunter. Der Anhänger schlingerte gefährlich hin und her. Ben hatte seinen Spaß daran und bellte vergnügt. An der schrecklichen Bundesstraße war Tobi sehr vorsichtig,

denn er wusste ja, wie rücksichtslos viele Autofahrer durch den Ort brausten.
Uwe wartete schon. Er hockte im Vorgarten des Klinkersteinhäuschens im Schneidersitz, kaute Kirschen und spuckte Kerne. »Auf geht´s!«, schrie er, als Tobi und Ben sich näherten. Er sprang auf sein Mountainbike und trat kraftvoll in die Pedale. »Mir nach! Ich kenn einen Spezialweg nach Havixbach!«
Tobi hatte Schwierigkeiten, Uwes Tempo mitzuhalten. Boxer Ben war ja schließlich kein leichter Hund und der Anhänger hatte auch ein ganz gehöriges Gewicht. Tobi biss die Zähne zusammen und radelte, was die Muskeln und die Sehnen hergaben. Über einen holprigen Feldweg ging die Fahrt, vorbei an leuchtenden Gersteäckern, ausgedehnten Bullenweiden und lang gezogenen Brombeerhecken. Bussarde kreisten unter den dicken Wolkenhaufen, in den Ebereschen lärmten aufgeregt die Vögel.
»Wie weit ist es noch?«, rief Tobi.
»Viertelstündchen!«, antwortete Uwe. »Kannst du etwa nicht mehr?«
»Doofe Frage! Ich könnte noch zehn Stunden so fahren. Es ist nur wegen Ben. Dem bekommt das Gerumpel nicht gut. Ich will nicht, dass er

kotzt. Also, mach ein bisschen langsamer, Uwe!«
Weit war es wirklich nicht mehr und sie brauchten auch gar nicht ins Städtchen hineinzufahren, denn das Schulzentrum befand sich am westlichen Ortsrand.
»Mööönsch, guck dir das an!« Tobi staunte. »Was die für einen Fußballplatz haben! Der ist echt klasse.«
»Das kannst du laut sagen«, bestätigte Uwe. »Das ist kein Kunststück, auf solch einem Spielfeld zu kombinieren und zu tricksen und zu donnern. Wenn wir doch so einen Platz in Billerbach hätten!«
»Haben wir aber nicht«, entgegnete Tobi kühl. »Außerdem kann ein guter Torwart auf jedem Platz erstklassig halten, notfalls sogar auf ´nem Kartoffelacker.«
»Blas dich mal nicht so auf!«, knurrte Uwe.
Tobi hatte seine Sätze aber gar nicht ernst gemeint, sondern einfach nur so vor sich hin gesagt, denn er war ganz gefesselt von dem, was er dort auf dem Sportgelände sah. Außer dem Fußballplatz mit dem roten Aschebelag gab es noch weitere Spielfelder: für Volleyball, Tennis, Basketball und für sämtliche Disziplinen der Leichtathletik. Die waren

fein raus, die Schülerinnen und Schüler in Havixbach!

An diesem Nachmittag hatten also die Mädchen und Jungen aus den vierten Klassen ihre Übungsstunden. Auf allen Spielfeldern tummelten sie sich, auf den Laufbahnen trainierten sie den richtigen Stabwechsel beim Staffellauf, auf dem Volleyballplatz wurden gerade die Netze angebracht. Plötzlich zuckte ein aufregender Gedanke durch Tobis Gehirn.

»Du, Uwe, jetzt hat´s gerade in meinem Kopf klick gemacht! Merkst du auch, was ich merke? Die Typen, die da auf den Plätzen rumgurken, die stammen aus mindestens drei vierten Klassen. Vielleicht sogar aus vieren! Ich wette, die haben so Interessengruppen gebildet. Kapierst du, was das für uns bedeutet?«

Uwe starrte Tobi verständnislos an. »Was denn?«
»Dass in deren Fußballmannschaft die besten Leute aus drei oder vier Klassen spielen! Das bedeutet das. Die haben ´ne Riesenauswahl! Aber wir in unserer Mini-Schule, wir müssen aus einer Klasse eine Fußballmannschaft bilden. Das sind verdammt ungerechte Bedingungen. Keine Spur von Chancengleichheit.«
»Dafür sind wir eben besser«, meinte Uwe lässig.
»Komm, wir bepeilen die Havixbacher Fußballer mal ein bisschen genauer!«, forderte Tobi. »Dazu sind wir doch hergekommen!«
Sie nutzten die Deckung der dicht stehenden Holunderbüsche und schoben die Fahrräder behutsam näher und näher an den großen Fußballplatz heran, auf dem die Spielerinnen und Spieler unter der Leitung eines Sportlehrers Freilaufen und Doppelpässe übten. Zu Uwes und Tobis Verwunderung trugen alle Fußballer einheitlich hellblaue Trainingsanzüge mit einem mächtigen weißen Stierkopf auf der Brust.
»Das haut mich um!«, flüsterte Uwe. »Ich glaube, die werden richtig gesponsert.«
»Vielleicht von einer Metzgerei«, meinte Tobi. »Alle Achtung, die sind enorm gut in Form.«

Das waren die Havixbacher Spielerinnen und Spieler wirklich! Aus ihrem Versteck im Gebüsch konnten Tobi und Uwe genau erkennen, mit welchem Eifer und mit welchem Geschick die Kinder bei der Sache waren. Die dribbelten und köpften und schossen wie die Weltmeister und blitzsauber setzten sie sich gegenseitig mit Steilpässen und genauen Vorlagen in den Lauf in Szene. Und sie zogen donnernde Schüsse ab, dass der Aluminiumrahmen des Tores nur so schepperte. Tausend Bienen summten in Tobis Bauch. Das kam von der Aufregung.

Den Boxer Ben in seiner Anhängerhütte hatten die beiden Jungen längst vergessen. Ben hatte ein bisschen gedöst, doch da schlug auf einmal das Wumsen eines Fußballes an sein Ohr. Da war Ben auf der Stelle hellwach. Ein Ball! Ben war wild auf Bälle jeglicher Art, aber dicke Fußbälle liebte er besonders.

Mit einem Jubeljaulton schoss Ben aus seiner Behausung und jagte dem Fußballplatz zu. Viele Kinder und ein großer Ball und er mittendrin: Was verlangte ein Hundeherz denn mehr!

»Zurück, Ben!«, kreischte Tobi. »Komm zurück, du verfluchter Köter!« Tobi pfiff auch auf den Fingern, aber er konnte nicht besonders gut pfeifen. Außerdem hätte er sich sein Geschrei

sparen können, das wusste Tobi selber, denn wenn Boxer Ben einen Ball sah, hörte er weder Befehle noch Gepfeife.
Zuerst waren die Fußball spielenden Kinder auf dem Platz erschrocken zusammengefahren, als da der fremde Hund mit geifernden Lefzen angerast kam. Doch als sie erkannten, dass der Boxer nur versessen auf den Ball war und mit ihnen spielen wollte, da jubelten sie vor Begeisterung.
Was für ein Artist! Was für ein Ballzauberer! Was für ein Supertechniker! Ben ließ den Fußball hochschnellen und jonglierte ihn auf seiner breiten Nase quer über das Spielfeld. Er ließ ihn auf seinem Kopf tanzen, trieb ihn mit

der Schnauze wie ein Dribbelkünstler vor sich her, kickte ihn mit der rechten Hinterpfote hoch in die Luft und drosch ihn dann mit seinem Boxerschädel wuchtig ins Netz.

»Tooor!«, brüllten die Spielerinnen und Spieler begeistert und klatschten lachend Beifall. »Tooor!«

Sehr verlegen kamen Tobi und Uwe gelaufen, um den Boxerhund einzufangen. Das Versteckspiel war zu Ende. Die Bienen in Tobis Bauch tobten geradezu und Uwe schaute so kläglich, als hätte er sich gerade in die Hose gemacht. Es war den beiden Jungen mordsmäßig peinlich, dass sie nun – umringt und ausgelacht von den Havixbacher Fußballern – den ballverliebten Boxerhund einfangen mussten. Der hatte seine Beute umarmt und verteidigte sie knurrend. Hätte der glatzköpfige Sportlehrer den Hund nicht mit seiner schrillen Trillerpfeife erschreckt, wären Tobi und Uwe ihm wahrscheinlich noch stundenlang vergeblich nachgehetzt.

»Ben, du bist der bescheuertste Hund der Welt!«, keuchte Tobi, als er den Boxer beim Halsband packte. »Ich sollte Schaschlik aus dir machen!«

»Den solltet ihr beim Hundefußball anmel-

den!«, rief ein strohblondes Mädchen Tobi und Uwe zu.
Ein Junge mit grellbuntem Stirnband sagte: »Den könnten wir prima in unserer Fußballmannschaft gebrauchen, den Boxer. Wir spielen nämlich bald gegen die Billerbacher. Das wird ein schweres Match. Nicht wahr, du Hund? Du wärst ´ne astreine Verstärkung für uns.«
»Brauchen wir nicht«, widersprach ein Knirps mit abstehenden Ohren. »Verstärkung brauchen wir nicht. Die Billerbacher putzen wir 10:0 vom Platz.«
Das war zu viel für Uwe. »Da würde ich mir aber nicht zu sicher sein! Die Billerbacher haben eine unheimlich kampfstarke Truppe und sind auf allen Positionen wahnsinnig gut besetzt. Bildet euch mal bloß nichts ein!«
»He, woher willst du das denn wissen?«, fragte das strohblonde Mädchen. »Bist du etwa einer von den Billerbachern?«
Nun wurde es brenzlig und da schaltete Tobi sich ein, denn er erkannte das Wutgeflacker in Uwes Augen.
»N-n-n-nein!«, sagte er rasch. »Der ist keiner von den Billerbachern. Wir haben das nur gehört, dass die jetzt so tolle Spieler haben.«

»Vor allem einen gefährlichen Mittelstürmer!«, knurrte Uwe.
»Und einen unüberwindbaren Torwart!«, fügte Tobi rasch hinzu.
»Von dem hab ich schon gehört«, sagte da einer der Havixbacher. »Der muss wirklich große Klasse sein. Ich glaube, Mehmet heißt der.«
Das war ein Tiefschlag! Vor Tobis Augen flimmerte es, die Bienen im Bauch surrten wie Düsenflieger, die Kinnlade klappte herunter. Tobi hatte es die Sprache verschlagen. Mehmet! Das war eine ungeheure Beleidigung. Der unüberwindbare Torwart hieß nicht Mehmet. Der hieß Tobi! Tobi! Tobi! – Tobi, die Torwartkatze!
»So, Schluss mit dem Hundezirkus!«, rief der Sportlehrer. »Das Training geht weiter.« Er ließ wieder die Trillerpfeife schrillen.
Auf der Heimfahrt wurde Tobi von der Frage gequält: Wer ist der bessere Torwart? Mehmet oder ich? Ein Duell! Das war die Lösung.

Duell im Mondschein

Niemand durfte von diesem geheimen Zweikampf erfahren. Das war für Tobi sonnenklar. Sollten die anderen Fußballer etwa über ihn spotten? Niemals!
Aber zwei Jungen außer Tobi mussten natürlich in das Geheimnis eingeweiht werden, denn sie sollten ja mitmachen. Mehmet und Uwe nämlich. Die beiden staunten erst einmal Bauklötze, als Tobi sie fragte, ob sie mithelfen wollten den besten Torwart der Billerbacher Schülermannschaft zu ermitteln.
»Aber wir zwei sind doch die Torleute!«, rief Mehmet aus. »Sind wir nicht beide gut?«
»Pssst!«, mahnte Tobi, denn er wollte nicht, dass die anderen Kinder, die jetzt in der großen Pause auf dem Schulhof herumtollten, den Geheimplan erführen. »Leise sprechen! Klar, Mehmet, wir sind beide gut. Aber es lässt mir

keine Ruhe, wirklich, es macht mich fast krank: Wer von uns ist der bessere Torwart?«

»Ich schätze, das hängt von der Tagesform ab«, sagte Mehmet.

Tobi war mit dieser Antwort aber nicht zufrieden. »Wir müssen es ausprobieren. In einem knallharten Torwartduell. Ich will die Wahrheit wissen. Uwe soll der neutrale Tester sein. Er muss uns abwechselnd was auf den Kasten knallen – und dann soll sein Urteil entscheiden. Wisst ihr, dass es bei den Germanen so etwas wie ein Gottesgericht gab?«

Uwe tippte sich an die Stirn. »Du hast doch ´n Rad ab, Tobi! So ein kleines Torwarttraining muss man ja wohl nicht gleich Gottesgericht nennen. Aber spannend wär´s ja schon, euch beiden mal so richtig auf den Zahn zu fühlen. Also, ich wär dabei.«

Mehmet nickte nur fröhlich und das sollte bedeuten, dass auch er mitmachen wollte. Zuerst einmal schworen die drei Jungen feierlich, dass sie kein Sterbenswort über das heimliche Duell an andere Kinder weitersagen würden. Dem Verräter solle die Hand verdorren, erklärte Tobi. Dann kamen sie überein, dass man solch einen Test am besten dann macht, wenn niemand zuschauen kann, nämlich spät am

Abend. Sie entschieden sich für den Platz der Oberbillerbacher, weil der einsamer lag. Den Fußball würde Uwe mitbringen, denn er verwahrte ja auf seinem Kleiderschrank all die Bälle, die die Unterbillerbacher früher gegen die Oberbillerbacher gewonnen hatten.
»Ich kann mich heimlich aus dem Haus verdrücken«, meinte Mehmet. »Am Regenrohr rutsche ich runter. Das merkt keiner.«
»Ich flutsche durchs Kellerfenster«, sagte Uwe.
»Für mich ist das sowieso kein Problem«, verkündete Tobi ziemlich hochnäsig, als wäre es für ihn etwas Alltägliches, dass er im Dunkeln das Haus verließ. »Okay, dann bis heute Abend!«
Der Schulgong tönte ping-pang-pong. Die Pause war beendet.
Tobi hatte es vor Uwe und Mehmet nicht zugegeben, dass er ein ganz dickes Problem zu lösen hatte, wenn er spät am Abend heimlich aus dem Haus schlüpfen wollte. Das Problem hieß Ben. Der Boxer hatte seinen Schlafplatz nämlich unten in der Küche. Durch die Haustür konnte Tobi also nicht entwischen. Doch er hatte eine Idee. Die Leiter!
Im Kirschbaum lehnte eine lange Holzleiter.

Die stellte Tobi am Abend, als Thea und Bodo und Cordula Bosse zur Tagesschau vor dem Fernsehgerät hockten, heimlich so an die Hauswand, dass er sie von seinem Zimmerfenster aus erreichen konnte. Später nahm Tobi an der Pokerrunde der Familie Bosse teil, hatte eine tolle Gewinnsträhne und gewann von den Mitspielern jede Menge Streichhölzer. Dann täuschte er schreckliche Müdigkeit vor und gähnte wie ein Löwe. »Ich glaube, ich muss dringend ins Bett!«
Verblüfft fragte die Mutter: »Bist du etwa krank?«
»Wahrscheinlich hat er sich überfressen«, erklärte Cordula.
»Von wegen!« Tobi protestierte voll Empörung. »Ich halte mich haargenau an die Ernährungsanweisungen meiner Konditionstrainerin. Ist doch Ehrensache.« Tobi wurde kein bisschen rot beim Schwindeln.
Er stapfte zu seinem Zimmer hinauf und verschloss die Tür hinter sich. Dann wartete er, bis er ganz sicher war, dass die Familie ihn in Ruhe lassen würde. Von Boxer Ben war nichts zu hören. Wahrscheinlich träumte er auf seiner Matratze bereits aufregende Hundeträume. Behutsam zog Tobi sich sein Torwartzeug an

und kletterte lautlos wie ein Apache auf die Fensterbank.
Puh, ganz schön tief!, dachte Tobi.
Mit etwas zittrigen Fingern griff er nach der Leiter, turnte mit leicht wabbeligen Knien auf die Sprosse, die er vor sich sah, und bewegte sich dann ganz langsam zum Rasen hinunter. Bloß jetzt kein Geräusch! Aber dann pikste ihn ein Rosendorn in den Popo und vor Schreck ließ Tobi die Leiter los. Wumm!
Torwartkatze Tobi purzelte ins Gras und machte dabei wirklich keine gute Figur. Ein Segen, dass das die Zuschauer nicht sahen! Verschämt richtete Tobi sich auf. Das fing ja prima an! Er lauschte. Nein, im Haus hatte offenbar niemand etwas von seinem Fall bemerkt. Also, nichts wie hinauf zum Fußballplatz!
Das war ein seltsames Gefühl, als Tobi dann mutterseelenallein am Rande des Spielfeldes im Gras kauerte. Es war noch nicht richtig dunkel, doch der Vollmond wirkte wie eine Flutlichtanlage. Im Wäldchen klagte ein Käuzchen, weiter weg gurrten schläfrige Wildtauben, im Unterholz raschelte es. Mäuse oder Ratten oder gar Marder? Tobi schüttelte sich. Etwas unheimlich war das schon!

Doch dann erschienen Uwe und Mehmet am Ende des Wiesenweges. Erleichtert hüpfte Tobi auf die Beine. Die Stunde des Duells war gekommen!
»Hallo!«, rief Uwe. »Kein langes Gequatsche! Mehmet stellt sich als Erster in den Kasten. Der Härtetest kann beginnen. He, Tobi, wieso trägst du denn bei Mondschein deine Mütze? Ich denke, das Ding soll gegen Sonnenlicht schützen?«
»Die Mütze ist mein Markenzeichen«, sagte Tobi lässig.
Mehmet nahm also Aufstellung im Tor. Fliegender Fisch: So wurde er genannt. Und Mehmet machte seinem Spitznamen alle Ehre, das musste Tobi neidlos zugeben. Wie ansatzlos Uwe seine Schüsse auch abfeuerte, wie raffiniert er den Ball auch schlenzte, wie stark er die Aufsetzer auch anschnitt: Mehmet hechtete und fing und faustete, tauchte in die Ecken und sprang in die Winkel, dass es eine Pracht war. Klar, manchmal war selbst er machtlos gegen Uwes Knaller, doch dies bewies sich eindeutig: Mehmet war Spitze!
Tobi löste den schwitzenden und prustenden Mehmet ab. Auch er bewies, dass er seinen Namen mit Recht trug. Wie eine Katze erwar-

tete er Uwes Angriffe, warf sich dem Anstürmenden in den Schuss, verkürzte geschickt den Winkel, parierte wuchtige Fernschüsse und getrickste Heber. Auch Tobi hielt, was noch eben zu halten war. Dann ließ er sich erschöpft ins Gras fallen.

Das Mondscheinduell der Torsteher war zu Ende.

Uwe verkündete das Urteil: »Mehmet kriegt ´ne Eins plus, Tobi kriegt auch ´ne Eins plus. Tut mir Leid, ich hab es nicht rausgefunden, wer von euch der bessere Keeper ist. Lasst den Trainer entscheiden! Und jetzt will ich endlich ins Bett.«

Also nagte die Frage weiter an Tobis Torwartherz: Mehmet oder ich? Das änderte sich auch nicht bei den Trainingseinheiten der folgenden Tage. Dreimal durften sie auf dem großen Spielfeld der Havixbacher Schule trainieren. Das war aufregend! Aber leicht war die Umstellung auch nicht. Michael und Cordula wurden sich bald einig über die Besetzung der wichtigsten Positionen der Billerbacher Elf. Ja, endlich eine Mannschaft aus elf Spielern!

Doch Tobi quälte sich weiter mit der Frage: Wer ist der bessere Torwart?

Die blauen Stürmer

Der große Tag! Die Billerbacher Spielerinnen und Spieler hatten diesem Ereignis entgegengefiebert, sie fühlten sich fit, sie konnten es kaum erwarten. Nun war der große Tag gekommen: Billerbacher gegen Havixbacher! Sogar die Zeitung hatte dieses Fußballspiel groß angekündigt.

Am frühen Nachmittag versammelten sich Spielerinnen und Spieler, Mitschüler und Fans, Eltern und Bekannte und viele Neugierige vor der Schule. Busunternehmer Hielscher hatte kostenlos drei Schulbusse für die Fahrt nach Havixbach zur Verfügung gestellt. Auch Bürgermeister Wieling und mehrere Frauen und Männer aus dem Stadtrat waren gekommen. Alle sollten die Rosa Teufel unterstützen und anfeuern. Selbst Frau Lienenbeck schwenkte ein rosafarbenes Fähnchen. Die Busse rollten an.

Elisabeth, Pitter, Trude, Mehmet, Stöpsel, Bogdan, Rita und die anderen aus der Mannschaft zappelten vor Aufregung auf ihren Sit-

zen. Jonas verschluckte seinen Kaugummi, Uwe kaute an den Fingernägeln, Tobi spürte das Heer der Bienen in seinem Bauch.
Trainer Michael gab sich sehr gelassen. Er holte einen Zettel aus der Hosentasche und verkündete die Mannschaftsaufstellung für den Spielbeginn.
Mit dem Trainer der Havixbacher war vereinbart worden, dass jede Mannschaft nach Belieben auswechseln durfte, denn alle sollten ja an die Reihe kommen, niemand musste ausgeschlossen werden. Sie waren sich einig, die Trainer: Fußball spielen soll vor allem Freude machen.
Michael rief gegen das Brummen des Motors an: »Also, in der ersten Halbzeit spielt Mehmet im Tor. Tobi ist nach dem Seitenwechsel an der

Reihe. In der Verteidigung beginnen Pitter, Trude, Jonas als Libero ...«

Tobi hörte nicht weiter zu. Tobi ist nach dem Seitenwechsel an der Reihe: Das war Musik in seinen Ohren. Gewiss, ursprünglich hatte er sich ja vorgestellt, dass er eindeutig die Nummer eins zwischen den Pfosten sein würde und dass Mehmet allenfalls als Ersatztorwart in Frage käme. Diesen Gedanken hatte Tobi sich inzwischen abgeschminkt. Aber dass er nun in der zweiten Halbzeit das Tor hüten sollte, war das nicht ein Beweis dafür, dass der Trainer ihm das größere Vertrauen schenkte? Die zweite Halbzeit war wichtiger als die erste, das wusste doch jeder! In der zweiten Halbzeit würde sich das Spiel entscheiden und dann kam Tobi, die Torwartkatze, aufs Spielfeld! Ha!

Doch Tobis wunderbare Fußballträume zerplatzten erst einmal wie Seifenblasen. Die Mannschaften hatten sich zum Einlaufen in langen Reihen am Spielfeldrand aufgestellt. Mehr oder weniger rosa gekleidet waren die Kicker aus Billerbach, einheitlich in strahlendem Blau mit einem weißen Stierkopf auf der Brust und der Aufschrift »Münsterland-Würstchen« erschienen die Havixbacher. Also wur-

den sie wirklich von einer Metzgerei gesponsert! Wahrscheinlich war es ein Großbetrieb, der ihnen die Trikots spendiert hatte. Schiedsrichter war ein Lehrer aus der Kreisstadt, denn es sollte ja sportlich und neutral zugehen. Er trabte mit den Linienrichtern los, die Mannschaften folgten ihm zum Mittelkreis. Aber dann! Dann fielen Tobi fast die Augen aus dem Kopf.
Das durfte doch nicht wahr sein!
Dann eilten nämlich die Zeitungsfotografen auf den Platz. Die beiden Mannschaften gingen zusammen mit ihren Trainern für die Pressefotos in Position: stehend, kniend, liegend. Und alle grinsten fröhlich in die Kamera.
Und da begriff Tobi, was man ihm antat. In allen Zeitungen der Gegend würden am nächsten Tag die Mannschaftsfotos erscheinen – und er war nicht dabei! Die Elf der ersten Halbzeit würde in der Zeitung zu bewundern sein. Darunter würden die Namen der Spielerinnen und Spieler genannt werden.
Das Bild und den Namen von Supertorwart Tobi Bosse würde man vergeblich in der Zeitung suchen, auch wenn dieser Torwart zur spielentscheidenden Gestalt werden sollte.
»So eine Gemeinheit!«, flüsterte Tobi vor sich

hin. Tränen schossen ihm in die Augen, er sah alles ganz verschwommen. »Wie kann die Welt nur so ungerecht zu mir sein?«
Während Tobi noch über die Schändung seiner Torwartehre nachgrübelte, war das Spiel bereits angelaufen. Es zeigte sich bald, dass die Kinder im blauen Dress, die ja viel besser an das große Spielfeld und an das Mannschaftsspiel mit elf Akteuren gewöhnt waren, in allen Belangen überlegen waren. Sie kombinierten zügiger und trickreicher, gewannen die meisten Zweikämpfe, überwanden schneller das Mittelfeld und brachten ihre Stürmer wieder

und wieder in gute Schusspositionen. Ja, die blauen Stürmer, die erwiesen sich als wieselflink, schussgewaltig und brandgefährlich. Torwart Mehmet geriet mächtig unter Druck, weil seine Vorderleute nervös wie die Hasen herumsprangen und ihre Gegenspieler nicht halten konnten.

Als wieder ein Angriff auf das Tor der Rosa Teufel rollte, wusste Pitter sich nicht anders zu helfen, als dem gegnerischen Außenstürmer geradezu blind mit den Füßen voran in die Beine zu springen und ihn brutal zu Fall zu bringen, obwohl der Ball längst abgespielt war.

Michael tobte am Spielfeldrand. »Pitter, du Idiot! Kannst du nicht fair spielen? Noch einmal so ein Scheiß und ich wechsel dich sofort aus!«

Selbstverständlich hatte der Schiedsrichter längst auf Freistoß entschieden. Der Pfiff. Eine Havixbacher Spielerin schaufelte den Ball hoch in den gegnerischen Strafraum. Ein Kopfstoß aus großem Gewühl heraus. Und – zack! – zappelte der Ball im Netz der Billerbacher. Die Kicker in den blauen Trikots rissen jubelnd die Arme hoch, Die rosa Teufel ließen die Köpfe hängen.

Lasst euch nicht einseifen!«, rief Cordula ermunternd. »Noch ist nix verloren!«»

»Zieht das Spiel mehr auseinander!«, signalisierte Michael, als seine Stürmer sich im Mittelkreis zum neuen Anstoß aufstellten. »Nutzt die Breite des Platzes! Setzt die Außenstürmer ein!«

Allmählich legten einige ihre Aufgeregtheit ab. Jonas organisierte die Abwehr inzwischen etwas übersichtlicher, Elisabeth fand zu alter Form zurück und fütterte die Stürmer mit gekonnten Pässen aus dem Mittelfeld heraus, Uwe und Fuzzi Ralf kamen endlich zu ersten Schüssen auf das Tor der Havixbacher. Doch nach einem Eckstoß kassierten Die rosa Teufel das zweite Tor. Mehmet war schuldlos. Den gespitzelten Ball konnte er nicht mehr erreichen. 2:0! Das war auch der Spielstand zur Halbzeit.
Michael redete beruhigend auf seine enttäuschte Mannschaft ein. Er machte Mut, erklärte überraschende Spielzüge, gab taktische Anweisungen, wies die Auswechselspieler ein und stellte in einigen Positionen um. »Stöpsel, willst du´s mal auf der linken Sturmseite versuchen? Du bist doch schnell.«
»Klar!« Stöpsel lächelte selig.
Cordula versorgte die Spielerinnen und Spieler, die schwitzend im Gras saßen und den Erklärungen des Trainers lauschten, mit Zitronentee und Mineralwasser ohne Kohlensäure. Sie verpflasterte auch das eine und andere Bein. »Nicht verkrampfen!«, mahnte sie.

»So, Tobi, jetzt wird´s ernst für dich«, sagte Michael. »Wenn du auch so eine Klasseleistung bringst wie Mehmet, dann bin ich zufrieden. Vergiss nicht, du spielst für die Mannschaft und nicht für die Zuschauer!«
Tobi spürte, wie ihm das Blut ins Gesicht schoss. Er nickte.
Jetzt steckten Die rosa Teufel die Köpfe zusammen und stimmten ihren Kampfruf an:

»Eins-zwei-drei-vier!
Superchampions, die sind wir!
Fünf-sechs-sieben-acht!
Alle werden platt gemacht!«

Dann ging es für Tobi schnell wie im Zeitraffer. Der Schiedsrichter pfiff die zweite Spielhälfte

an, die Angriffe der Havixbacher brandeten erneut gegen das Tor der Billerbacher. Jonas drehte sich zu Torwart Tobi um und zeigte ihm die geballte Faust, das sollte heißen: Jetzt packen wir den Gegner.

Tobi ließ sich von der Begeisterung anstecken. Er wippte in den Knien, stand sprungbereit wie eine Feder und schimpfte flüsternd vor sich hin: »He, du doofer Torwartclown, hör auf die beleidigte Leberwurst zu spielen! Ob dein Mondgesicht morgen in der Zeitung erscheint oder nicht, das ist doch völlig schnuppe. Es geht um die Mannschaft und nicht um die Zeitungsleser. Jetzt zeig mal, ob du wirklich eine Torwartkatze bist!«

Kaum hatte Tobi seine Selbstvorwürfe beendet, da bekam er die erste Gelegenheit, sein

gutes Stellungsspiel zu beweisen. Eine scharfe Flanke peitschte von rechts vor sein Tor, doch bevor ein gegnerischer Spieler hochsteigen konnte, hatte Tobi den Ball schon mit den Fingerspitzen ins Seitenaus gelenkt.
Ja, Tobi lief zu großer Form auf. Er fing Volleyschüsse, fischte Kopfbälle aus den Winkeln, meisterte Aufsetzer und klärte faustend aus dem Getümmel in seinem Strafraum zur Ecke. Dreimal, viermal hechtete er in gefährliche Vorlagen hinein. Ein Scharfschuss traf seine Magengrube so heftig, dass ihm fast schlecht wurde.
Tobi hörte Michaels Rufe vom Spielfeldrand: »Fummelt nicht so lange in der Abwehr rum!« – »Raus mit dem Ball auf die Flügel!« – »Lauft euch frei, bietet euch an!« – »Uwe, früher schießen!«
Aber da waren die blauen Stürmer!
Tobi konnte nur staunen, wie sie sich vor seinem Tor gegenseitig in Schussposition brachten und die Abwehr mit dem Libero Jonas durcheinander wirbelten. Die blauen Stürmer waren für die Billerbacher Verteidiger einfach zu stark.
So kam es, wie es kommen musste. Zweimal landete der Ball in Tobis Tor. Beim ersten Mal

wurde ein wuchtiger Flachschuss von irgendeinem Bein abgefälscht und so hechtete Tobi in die falsche Ecke. Beim zweiten Treffer hatten die blauen Stürmer mit zwei, drei Doppelpässen die Hintermannschaft der Rosa Teufel leichtfüßig überwunden, und als sie dann plötzlich vor Tobi auftauchten, konnten sie sich sozusagen die Ecke aussuchen. Entsetzt starrte Torwart Tobi dem Ball nach, der über die Torlinie kullerte.

»War nicht deine Schuld, Tobi!«, tröstete Rita.

Tobi dachte: Jetzt hat Mehmet zwei Tore kassiert und ich habe zwei Tore kassiert. Steht´s also immer noch unentschieden zwischen ihm und mir? Doch während Tobi noch grübelte, gellten vom gegnerischen Tor Freudenschreie herüber.

»Ein Tor für uns!«, jubelte Jonas und warf die Arme hoch.

Ja, ein Tor für die Billerbacher! Elisabeth hatte eine Flanke von Uwe aufs Tor geköpft, der Ball war von der Latte abgesprungen, genau vor Fuzzi Ralfs Füße – und der fackelte nicht lange. Aber dann, kaum war der Jubel verklungen, schrillte der Schlusspfiff.

Aus. Vorbei. Tobi dachte: Das kann doch nicht wahr sein! Hat der Schiri zu früh abgepfiffen?

Wirklich, für Tobi war alles so schnell wie im Zeitraffer abgelaufen.
Die Spielerinnen und Spieler in den blauen Trikots mit der Würstchenwerbung auf der Brust lachten fröhlich und schüttelten den Unterlegenen freundschaftlich die Hände. Die Havixbacher Zuschauer klatschten Beifall und kreischten laut ihr Hurra.
Mit gesenkten Köpfen trotteten die Billerbacher zum Abschiedsgruß zur Mittellinie. Einige hatten Tränen in den Augen. So viel Mühe hatten sie sich gegeben und nun waren sie doch die Verlierer. 1:4! Was für eine Packung! Tobi fühlte sich tausend Jahre alt. Enttäuscht zerknubbelte er seine Torwartmütze.

Doch da kam Trainer Michael gelaufen und lachte über das ganze Gesicht. »He, he, ihr

trüben Tassen! Seid ihr hier auf ´ner Beerdigung? Hoch die Köpfe, los! Ihr habt zum ersten Mal in eurer gemeinsamen Klassenmannschaft gespielt und zum ersten Mal auf so einem großen Spielfeld. Und gegen das eingespielte Team der Havixbacher habt ihr bloß vier Törchen eingesteckt. Und sogar ein Ehrentor habt ihr geschossen! Das war doch ein toller Anfang. Leute, ihr könnt stolz sein auf eure Leistung!«
»Schaut nur«, rief Cordula, »wie die Billerbacher Fans euch zujubeln! Klasse habt ihr gespielt, ehrlich!«
Tobi wollte es zuerst kaum glauben. Ja, wirklich, die Zuschauer aus Billerbach jubelten ihnen zu. Bürgermeister Wieling hatte sogar seinen Hut gezogen. Lehrerin Lienenbeck schwenkte begeistert ihr Fähnchen. Da hörten die Bienen in Tobis Bauch auf zu summen.
Auf einmal stand Mehmet neben dem verschwitzten Tobi und legte ihm die Hand auf die Schulter. »Du bist ein verdammt guter Torwart, Tobi!« Mehmet lachte.
»Du bist auch ein verdammt guter Torwart, Mehmet!« Tobi lachte auch. »Unsere Mannschaft kann froh sein, dass sie uns hat.«
»Das kann sie wirklich«, sagte Mehmet.

Seltsam, dachte Tobi, wir haben verloren, aber eigentlich war es keine Niederlage. Jeder hat so gut gespielt, wie er konnte. Alle haben gerackert und gekämpft, niemand hat gekniffen. Wenn das kein starkes Erlebnis war, dann will ich Donald Duck heißen! Aber wie geht es nun weiter? Darüber brauchte Tobi aber nicht lange nachzugrübeln.
»Hört mal alle her!«, rief Trainer Michael. »Den Anfang haben wir ziemlich gut geschafft, aber da muss es natürlich eine Fortsetzung geben. Was haltet ihr von einem Rückspiel?«
Ein Rückspiel? Da ging auf einmal ein Ruck durch die verschwitzte und erschöpfte und betrübte Truppe. Ein Rückspiel, ja, das war ein Ziel, auf das man sich freuen konnte! Da wachten Die rosa Teufel aus ihrer Traurigkeit auf, da konnten sie wieder ein bisschen lachen, da verschwand die Enttäuschung aus ihren Gesichtern, da guckten einige schon wieder mutig, als könnten sie´s kaum erwarten.
»Jaaa! Ein Rückspiel!« Das hörte sich fast wie ein Jubelschrei an.»
Noch vor den großen Ferien?«, fragte Michael.
»Klaaar! Noch vor den großen Ferien!«
»Da müssen wir aber gewaltig trainieren«, sagte Cordula.

»Das machen wir auch!«, rief Tobi. »Und wenn wir so richtig zusammenhalten und wenn wir ganz raffinierte Spielzüge einüben und wenn wir dann noch besser in Form sind und wenn wir dann kein bisschen Schiss mehr haben vor den Havixbachern und wenn wir ganz schlaue Abseitsfallen bauen und wenn wir ...« Tobi wusste nicht mehr weiter.
Da rief Uwe: »Und wenn wir dann mehr Tore schießen als die anderen, dann haben wir gewonnen!«
»Blitzmerker!«, kreischte Stöpsel.
Obwohl niemand sie dazu aufgefordert hatte, bildeten Die rosa Teufel plötzlich einen Kreis und riefen:

»Eins-zwei-drei-vier!
Superchampions, die sind wir!
Fünf-sechs-sieben-acht!
Alle werden platt gemacht!«

Tobi schrie am lautesten von allen. Das starke Gefühl! Er freute sich auf das Training mit der Mannschaft, auf das Torwartduell mit Mehmet, auf das Rückspiel gegen die blauen Stürmer und auf all die vielen Fußballspiele, die noch vor ihm lagen. Tobi, die Torwartkatze! Er schaute in die Wolken und sah sich hechten und fangen und fausten und fliegen. Was für tolle Aussichten!

Tobi grinste Mehmet an. »Mann, hab ich vielleicht einen Hunger!«